クロスロード・パーソナリティ・シリーズ①

エコロジカル・セルフ

河野哲也【著】 Kono Tetsuya

ナカニシヤ出版

「クロスロード・パーソナリティ」
シリーズ刊行にあたって

　パーソナリティに対する関心は強く，心理学に対する興味の中心の一つと言ってよいでしょう。しかし，パーソナリティとは何で，どのように測定できるのでしょうか。血液型性格診断や犯罪者の安易なプロファイリングなど，人間のパーソナリティや心についての「語り」が過度に単純化され，マスメディアを通して商品化されている傾向があります。これに対して，人間の心のもつダイナミックで創造的な，少し複雑なプロセスを明らかにしていきたいと考えています。

　ここでのキーワードは「パーソナリティ」です。パーソナリティは，狭く「性格」だけを指すのではなく，個人と社会，生命と文化などを橋渡しする広くて柔軟な心理学的概念と位置づけています。

　このようなパーソナリティの研究は，社会心理学，発達心理学，臨床心理学，心理測定学，進化心理学など多岐にわたります。『クロスロード』とは「交差点」「集落」を意味します。交差点にはさまざまな方向から人が集まり，そこでひとしきりコミュニケーションがなされ，新たな文化を生みだす集い・集落ができあがります。それは決して成熟しきった大都会ではなく，むしろこれから文化が芽生えようとする場です。このシリーズでは，躍動するパーソナリティの諸相を描くなかで，社会に豊かな人間理解の手がかりを与え，人の心から生まれ出るさまざまな問題を解決する糸口を提供します。

　「クロスロード・パーソナリティ」にふさわしい内容としては，1）敏感な嗅覚で，社会と学問の動向を嗅ぎ取り，いままさに最先端の研究に取り組んでいる，若手の研究成果であり，2）体系的知見の意味や生活への展開について，わかりやすい切り口からの討論・紹介

であり，3）心理学の近接／関連領域とのコラボレーションを通じての新たな可能性と到達点の紹介などです。これらの企画を通じて，時代のニーズや話題をいち早く取り入れ，パーソナリティ研究の突破口を切り開いていきたいと考えています。

　このように，本書は，短兵急な結論ではなく，少し時間をかけて，パーソナリティと人間の多様性，個人差のもつ意味などについてじっくりと考えていただこうとしてシリーズを企画しました。編集方針としては，1）「パーソナリティ」を軸に自らの言葉で社会に発信する。2）一冊一冊絞られたテーマについて，イラストや図表などを用いわかりやすくコンパクトに紹介する。3）躍動するパーソナリティの諸相を描くなかで，社会に豊かな人間理解の手かがりを与える。4）人の心から生まれ出るさまざまな問題を解決する糸口を提供することを掲げました。

　目を海外に転じますと，Big Five（性格の5大因子）を性格研究のルネッサンスと位置づけようとする立場や，性格研究の5つの分析レベルを提案した New Big Five，文脈から人を捉えようとする立場など，パーソナリティ研究の特徴である，総合的な人間研究について活発なコロキウムが展開されています。

　心理学に解答が求められることが多い現代の諸課題は，実は要因が複合的に作用しており，単独の学問にとどまらず，学際的，学融的（transdisciplinary）なアプローチが求められています。本シリーズが，パーソナリティ研究の成果を再結集することによって，互いの違いを認めたうえで，各人が自律的に，自らのサクセス・ストーリーを生きる一助になればと考えています。

編集委員

安藤寿康，安藤典明，堀毛一也，北村英哉

坂元　章，杉山憲司，丹野義彦，渡邉芳之

目　次

序　エコロジカル・アプローチとパーソナリティ……1
拡張した心……1
パーソナリティ心理学と本書の目的……3
展開の予告……6

第1章　パーソナリティ概念の歴史的分析……9
パーソナリティ，この曖昧な概念……9
リボーとパーソナリティ概念の誕生……11
クロード・ベルナールの実験医学とリボー……15
マルセル・モースとジャネのパーソナリティ論……18
ベルティヨン方式と司法的同一性……22
統計的偏差値としてのパーソナリティ……25
パーソナリティが問題となる文脈……27
パーソナリティ心理学の問題点……29

第2章　エコロジカル・セルフ……33
エコロジカル・アプローチとは……33
ギブソンの生態学的知覚論……33
アフォーダンスとは何か……36
自己を知覚すること……39
人間的環境と心的作用の形成……42
社会的・文化的・歴史的環境と心理作用……44
エコロジカル・セルフ……48

自己と所有物 ………………………………………………………… *50*
　　ニッチと自己：淡い主体，鮮やかな主体 ……………………………… *52*
　　ギブソンの社会心理学：規範性の問題 ………………………………… *54*
　　共感する自己の含意するもの …………………………………………… *58*

第3章　対人関係としての記憶　　*63*
　　アイデンティティの問い ………………………………………………… *63*
　　ロックの人格の同一性 …………………………………………………… *65*
　　記憶説の問題点 …………………………………………………………… *67*
　　記憶を語る文脈 …………………………………………………………… *69*
　　意味記憶と手続き記憶はディスポジションである …………………… *71*
　　過去が過去であること：記憶貯蔵説の誤り …………………………… *74*
　　記憶分類の問題点：ブローデル的見方 ………………………………… *78*
　　意志の弱さと複数の自己 ………………………………………………… *82*
　　共感としての想起 ………………………………………………………… *85*
　　腹　話　性 ………………………………………………………………… *88*

第4章　身体と顔　　*91*
　　心理学における身体 ……………………………………………………… *91*
　　身体の物理的性質と行動 ………………………………………………… *93*
　　身体と所有物 ……………………………………………………………… *95*
　　顔と身体の受動性：ヴェラスケスの「侍女たち」…………………… *98*
　　容　　　貌 ………………………………………………………………… *103*
　　表情とは内臓の動きである ……………………………………………… *106*
　　「私，顔がないんです」………………………………………………… *110*
　　表情コードと内面性 ……………………………………………………… *114*
　　仮面と顔 …………………………………………………………………… *115*
　　身体変工と化粧 …………………………………………………………… *117*

第5章 パーソナリティと規範 ……………………………… *121*
パーソナリティと淡い自己 ……………………………… *121*
身体と他者 ………………………………………………… *126*
規範性と自己の複数性 …………………………………… *128*
パーソナリティ研究に必要な観点 ……………………… *132*

参考文献　*135*

事項索引　*141*

人名索引　*143*

「しかし，外見よりも，内容を尊重するのは，べつにおかしな事でもないでしょう……」
「容れ物のない，中身を，尊重することがですか？……信用しませんね……私は，人間の魂は，皮膚に宿っているのだとかたく信じています」

　安部公房『他人の顔』（安部公房全集 18），
　新潮社，1999 年，337 頁

自分が自分自身であると同時に，自分の知らない誰か他の人でもある，という気持ちを，たとい束の間のうちにせよ，覚えたことのない人間など，想像しうるだろうか？

　ジャン＝ルイ・ベドゥアン『仮面の民俗学』斎藤正二訳，
　白水社，1963 年，15 頁

序
エコロジカル・アプローチとパーソナリティ

■ 拡張した心

　本書は，人間のパーソナリティについてエコロジカル・アプローチの立場から考察しようとするものです。

　エコロジカル・アプローチとは，アメリカの知覚心理学者，ジェームズ・J・ギブソン（James Jerome Gibson：1904-1979）の生態学的心理学に見られる発想に則って，人間の心理全般を説明しようとする立場です。その基本原則は，あらゆる動物の活動を，動物とそれを取り囲んでいる環境との相互関係でとらえる点にあります。

　エコロジー（生態学）とは，歴史的には博物学 natural history から発展してきた学問であり，動物の行動と生態を，その動物が生活している環境との相関で理解しようとする生命科学です。生態学は，生化学・地理学・物理学・気象学など，環境特性についての研究とも深く結びついた総合科学です。動物心理学が，実験室の中で動物の行動を人工的に制御するのに対して，生態学では，ある動物の通常の環境の中での暮らし方を記述します。

　ギブソンはこの生態学の視点を心理学に導入して，新しい知覚論を展開しました。ギブソンによれば，人間は環境の一部をなす存在であって，心理的な諸活動もその人を取り囲んでいる自然的・人間的・社会的環境から切り離されてはありえません。生態学が指摘す

るように、生物の活動が適切に機能するためには、それに見合ったニッチ（生態学的地位・棲みか）が必要です。人間の能力に関しても同様であり、一定のニッチの中でこそはじめて可能となります。心理能力と環境とは双対をなしています。

現在、心の哲学（心身問題や心の科学の基礎的問題について考察する哲学）や認知科学のある分野では、「拡張した心 extended mind」というコンセプトが興隆し、主流をなしつつあります。

この考え方によれば、一部の心理学者や神経科学者が想定しているように、心は脳の中にあるわけではありません。脳内の神経興奮は、「心」と呼ばれるものの働きの一部をなしているにすぎません。心の働きの本質は自然的・人工的環境とのインタラクションにあります。

胃腸さえあれば栄養摂取という動物の機能が成立するわけではありません。栄養摂取は、その動物の栄養となる食物が環境にあり、それを摂取する動物の行動があり、全身を使った消化活動が必要とされます。胃腸の働きは、どのような食物が環境に存在するのか、何を取ってきて口に入れたか、どのような時間間隔で摂取したのか、どのように噛んだのかなどの要因と密接に関係しています。同じことが脳の働きにも言えるのです。拡張した心にとって脳は心の働きを成立させている（不可欠とはいえ、それでも）ひとつの器官にすぎません。

拡張した心では、たとえば、計算は単純に心の中だけ、脳の内側だけで成立するものではありません。なるほど、掛け算九九くらいの簡単な計算は暗算できるかもしれません。しかしその場合でも、私たちは計算を声に出して一種の身体的な習慣（手続き記憶）によってそれを獲得したのですから、心・脳だけではなく声を出す身体が必要だったわけです（その「ニニンガシ」といった記憶は計算と呼べるのでしょうか。計算というよりも、自分の名前や生年月日

をすぐに思い出せるのと同じ種類のことに思われます)。しかも私たちが普段行う計算は，九九より，もっともっと複雑です。私たちは鉛筆や紙を使わずして，計算機を利用せずして，どの程度の計算ができるでしょうか。会計上の損益計算や，工業製品開発で必要とされる計算などは，複数の人がさまざまな機器や道具を使って，はじめて達成できる複雑なものです。計算という心の働きひとつとってみても，身体や道具や機器などの外部の事物とのインタラクションや，他の人との共同作業が必要なことは明らかです。これらなくして計算は成り立ちません。計算は，道具や機器，他の人たちの協力などの拡張した心の働きによって実現するのです。

こうした新しい考え方に大きなインスピレーションを与えた先駆者として，ギブソンの評価はますます高まっています。

■ パーソナリティ心理学と本書の目的

それでは，エコロジカル・アプローチをとった場合，ある人のパーソナリティは，どのようにとらえることができるのでしょうか。そもそもパーソナリティとは何でしょうか。これを明らかにするのが，本書の課題です。

アメリカでパーソナリティ心理学を確立した最大の功労者は，ゴードン・W・オールポート（Gordon W. Allport：1897-1967）と言ってよいでしょう。彼は，それまでのアメリカの自然科学的な反射学説や行動主義の傾向に飽き足らずに，人間を全体として扱える心理学を求めました。彼は，刺激-反応（S-R）で人間を理解しようとする行動主義の発想が，イギリスの経験論哲学者，ジョン・ロックの伝統に遡ることを指摘して，これに対して自分は，人格を自己活動的なモナド（単子）と考えるライプニッツ的な立場に立つと宣言します。

モナドとは、ライプニッツ哲学の中心概念で、万物の実在を担う不可分の単純実体を意味します。それは原子と異なり、表象と欲求といった精神的な性質をもつものと仮定されています。オールポートは、「人格は諸行為（アクツ）の寄せ集めではない、また単に行為の所在する場所（ロカス）でもない、人格は行為の発する源泉である」（Allport, 1959：35）と主張します。心理学にとってパーソナリティとは、簡単に言えば、「真にその人であるもの」であり、敷衍すれば、「個人の内部で、環境への彼特有な適応を決定するような精神物理学体系の力動的機構」（Allport, 1982：40）だと定義されます。

オールポートが定義したパーソナリティ概念には、いくつかの興味深い特徴があります。彼は、パーソナリティ（ペルソナ）という概念の歴史的な変遷を詳細に研究し、その演劇的・宗教的・哲学的・法学的・生物社会的意味が含まれていることを明らかにします。その上で彼は、心理学にとってのパーソナリティとは、「行動の背後」「個々人の内部」にあり、行動や考えを「決定」するものを指しているとしています。これは、パーソナリティに、強い意味での内在性と一貫性を認める立場です。オールポートの研究は、アメリカのみならず、世界中のパーソナリティ心理学の基本的な方向性を定めたと言っても大げさではないでしょう。従来の多くの心理学の理論では、パーソナリティとは個人に内在している不変的な特性と理解されています。

私たちは、自分の内側に自分の行動を司る本質があると考えがちです。心理学においては、認知主義が行動主義を批判して登場して以降、人間の内部で生じている認知的な過程に眼を向ける傾向が強まりました。心とは行動そのものではなく、その原因となっているさまざまな内的過程だというのです。このような認知主義的な枠組みと、パーソナリティとはその人の内部にある行動の決定因子だと

いうパーソナリティ理論の考え方は、マッチしやすいように思えます。

しかしエコロジカルな観点からとらえたならば、ある人物の把握はこれとはまったく異なるものとなります。これまで、エコロジカル・アプローチは、主に知覚や認知、あるいは記憶などを中心的なテーマとしてきましたが、その考え方はパーソナリティにも応用が可能です。

ギブソンは初期の論文の中で、オールポートの本質主義を鋭く批判しています。ギブソンは、「自我などというものは、実際には、その名前以外にほとんど共通性のない無数の多様な経験のこと」(Gibson, 1950：162)にすぎないと主張します。人間の行動の特徴は、その社会性にあります。社会から独立の自我からスタートするオールポートの説明は、人間の理解としては逆立ちしているのです。ギブソンは、人間のパーソナリティには、不変の本質や、人生を通じて不変の動機や本能など仮定すべきではないと考えます。

私たちは、もろもろの人間関係の中へと自己を拡張し、その関係性を自己の一部であるかのように取り込みます。そして、その関係性の中でたゆたう存在です。オールポートは「ペルソナ」という言葉のもともとの意味、すなわち、「仮面」や「外面的容姿」の意味を心理学的な定義づけから排除します。心理学においてパーソナリティとは、「真の自己」の総体だからです。しかし私が注目したいのは、パーソナリティのまさに「ペルソナ」としての側面です。

本書で、ギブソンの生態学的心理学を応用しながら、とくに光を当てたいのは、仮面であり、化粧であり、憑依であり、共感的であるような自己のあり方、すなわち、他者へと越境する（あるいは他者に越境される）自己のあり方です。これらの事象は、実は、人格＝ペルソナと呼ばれるものの中核にあるにもかかわらず、これまでのパーソナリティ心理学や性格心理学ではほとんど論じられてきま

せんでした。しかし，人間を社会的環境とのインタラクションにおいてとらえる場合には，それらは人間個体を語る上で欠かせない事象になります。人間のパーソナリティ＝ペルソナとは，・人・間・関・係・や・社・会・性・へ・と・拡・張・し・て・ゆ・く・心であるというのが，本書で探求したいテーゼです。

▪ 展開の予告

そこで，本書では次のような章構成で議論を進めてゆきたいと思います。

まず，次の第1章では，パーソナリティとはそもそもどのようなものを指しているのか，その概念を批判的に分析することからはじめたいと思います。心理学のパーソナリティ概念の歴史とそこに内在する人間観を分析し，どのような文脈においてパーソナリティが問題とされてきたかについて明らかにします。とくに，フランス心理学の中でパーソナリティが誕生し，心理学概念として導入されていく歴史的な経緯を紹介します。そして，パーソナリティ心理学が扱っている人間の側面が，「真にその人であるもの」から離れて，学校と職場での適合度に限られてしまっていることを示したいと思います。

第2章「エコロジカル・セルフ」では，ギブソンの生態学的心理学における基本アイデア，とくに，直接知覚論やアフォーダンス理論を紹介しながら，エコロジカル・アプローチの立場からは自己はいかなるものとしてとらえうるのかを論じます。人間の心理作用が成立するには人間的な環境（自然的プラス文化的・社会的環境）が不可欠であること，人間の自己は人間的環境との循環的な相互作用によって形成されることを強調します。さらに，ギブソンの初期の社会心理学の論文を解釈し，ギブソンにとって自己とは同一化（＝

共感)の働きによって複数化する存在であることを読み取ります。生態学的立場にとって、パーソナリティ・アイデンティティ（人格同一性）とは安定したニッチの中で生活することによって得られるものとして解釈されます。

哲学の世界では、パーソナル・アイデンティティに関しては、記憶説と身体説の二つの立場があり、議論が重ねられてきました。第3章と第4章では、記憶説と身体説のそれぞれをエコロジカル・アプローチの観点から検討してゆきます。

第3章「対人関係としての記憶」では、パーソナル・アイデンティティの核をなすと考えられているエピソード記憶について考察します。エピソード記憶が人格の同一性を支えているという考えはジョン・ロック以来の伝統です。この考え方の問題点をギブソン、エドワード・リード、松島恵介の記憶論をもとに検討したいと思います。自分の過去を自己の一部として同一化する認識は、他者への共感 empathy と同じ能力です。そこから、現在の自己と過去の自己との同一性は、一種の対人関係能力によって成立するという結論を導きたいと思います。

第4章「身体と顔」では、これまでのパーソナリティ論ではほとんど論じられてこなかった身体性について論じます。日常生活において人格の同一性の実際の支えとなっているのは、その人の身体です。その中でとくに重要な働きをするのが、顔（容貌と表情）です。しかし、顔は奇妙にもパーソナリティ心理学の中心的な課題からは外されてきました。そこで、個人にとって身体と顔のもつ意味を考察するとともに、いくつかの哲学的理論を用いながら、身体と顔の心理学的意味について考えてゆきます。

身体は紛うことなく自己のアイデンティティの基礎でありながら、他方で、自分の意のままにならない独立性をもっています。それは、私たちが自己の生命活動のすべてを制御できるどころではな

く，自己の身体性を受け入れていかなければならない受動的な存在であることを意味します。

結論でもある第5章「パーソナリティと規範性」では，これまでの議論をまとめながら，行動における倫理性の問題について考察します。そして，人間の行動を導き，パーソナリティに一貫性を与えるのは，規範性であることを主張します。個人の行動を理解し説明するときに，最も重要なのはその人にとっての規範と価値です。現代の心理学的パーソナリティ論は，この二つのファクターを完全に排除して個人について論じる傾向があります。規範とは，人間の行為や判断や評価のもととなる基準や原則のことを意味しますが，この基準は抽象的で言語的なルールとしてではなく，具体的な他者として与えられます。

ギブソンが言うように，人格に統一性を与えるのは，ある他者を自己と同一化する共感能力にあるのです。そして最後に，人間の個人の行動についての研究は，その人の行動の自由を伸張するためのものでなければならないという倫理的提言を行うつもりでいます。

以上のような議論を展開する本著は，パーソナリティ心理学の著作というよりも，もろもろのパーソナリティ理論についてメタ理論的に再検討を行った理論心理学 theoretical psychology の著作というべきかもしれません。理論心理学とは，心理学を心理学史，科学哲学，科学倫理学，社会学，フェミニズムなどの観点からメタ理論的（「メタ理論的」とは理論自体を検討する上位のスタンスを言います）に検討しようとするサイエンス・スタディの総称です。

このささやかな企てが，心理学に関心をもつ皆さまの考えを少しでも広げるお役にたてれば幸いです。

第1章
パーソナリティ概念の歴史的分析

■ パーソナリティ，この曖昧な概念

　パーソナリティについてエコロジカルな観点からとらえる前に，まずパーソナリティとはそもそも何を意味して，何を指しているのかについて考えてみましょう。

　「パーソナリティ」は，ほとんど日常語といってよいほど頻繁に使われる言葉です。でも，その意味をよくよく考えてみるとかなり曖昧な概念でもあります。

　まずお尋ねしたいのですが，動物はパーソナリティをもっていると言えるでしょうか。というよりも，パーソナリティは動物に認めるべきものなのでしょうか。おそらく，一般的な答えとしては「ノー」でしょう（ちなみに，20世紀初頭に活躍したフランスの心理学者，テオデュール・リボーは動物にもパーソナリティを認めていました）。もちろん，動物も個体として存在しており，個体性・個別性は有しています。ということは，パーソナリティ概念に含まれている意味とは，単純にある動物個体を他の個体から区別する個体性以上のものであり，人間個体にのみ適用されるような個体の特徴であることになります。こうしたパーソナリティ概念にはすでに独特の人間観が含まれています。

　また，パーソナリティとは，ある人を他のあらゆる人から区別す

る徹底的に個人的なものを指すのでしょうか。それとも，人間をある種の仕方で類型化あるいはカテゴライズするものなのでしょうか。パーソナリティ personality は，語源的には，演劇における「ペルソナ＝仮面 persona」というラテン語に由来しています。この言葉は，古代ギリシャ語で「音が反響する」という意味で，仮面をつけると声が反響することから来ていると言われています。

古代ローマ時代の哲学者キケロ（106-43BC）は，ペルソナに，①他人に見えるものとして（ただし，本当のものとしてではなく），②誰かが実生活でとる役割，③人を仕事に適応させる個人的資質の集合体，④卓越と威厳，という定義を与えました（Allport, 1982：23 参考）。

つまり，劇中での役割を表現する「仮面」の意味が変じて，「人格」を意味するようになったのです。したがって，ペルソナとはもともと役割を意味するのですから，私というひとりしかいない個人を特徴づけるものではないはずです。しかし現在では，私たちは，他の人とは代えがたい自分自身の存在をパーソナリティと呼ぶこともしばしばです。パーソナリティは，「心身を備えた個体的人間」を意味しており，個人差とか個性を表すものだとされています。でも不思議なことに，それは他の個体とは取り代えがたい絶対的な差異を意味するのではなく，人間をある種の仕方で類型化しカテゴライズするものになっています。

もう一つは上のことと関係しますが，パーソナリティと性格（キャラクター）とは，どう異なるのかです。心理学の著作や論文では，両者は同じジャンルの研究とされているようです。再び語源的に考えるならば，「性格 character」は，もともとはギリシャ語で「標識，刻み込まれたもの，彫られた印（土地の境界を示すための名前を刻んだ目印の石）」という意味をもちます。したがって，性格とは固定的で変化しない特徴を意味しており，心理学でも「個人

の根源的で持続的な行動傾向」を指すようです。一般的に，性格とパーソナリティには次のような違いがあると想定されているでしょう（Allport, 1982：42）。

　①性格はその人のパーソナリティ全体の一部である。

　②性格はその人の知的側面よりも，感情的・情動的な側面を表している。

　このように，性格に比べると，パーソナリティの方がより包括的にある人をとらえるように思われます。だとすると，「性格」と「パーソナリティ」は，言葉の意味としてはずいぶんと異なるはずです。（もう一つ「気質 temperament」という概念があり，これは生まれてすぐに現れて，ある程度，持続する行動傾向を意味します。気質は性格よりもさらに「生得的」という意味の強い概念です）。性格は不変的な行動傾向を意味しており，他方，パーソナリティは社会的役割のことを指すはずです。前者が生得性という含意をかなりの程度含んでいるのに対して，後者は経験的に獲得された行動傾向を指すように思われる点でも異なります。この人間の異なった二つの側面がなぜ同じジャンルとして扱われるのでしょうか。

■ リボーとパーソナリティ概念の誕生

　心理学者は，これまであまり心理学の歴史に関心をもってこなかったように思います。過去の研究は，自然科学の場合と同じく，乗り越えられた価値のないものと考えられてきたのかもしれません。

　しかし現代の心理学の歴史をひもとけば，現在，私たちが使っている心理学的概念や心理学的カテゴリーは，歴史的・文化的な意味づけや価値づけを多分に含んだものであることが分かります。心理学史家であり理論心理学者でもあるカート・ダンジガーは，『心を名づけること』（Danziger, 2005）という著作の中で，19世紀以前

にはもっぱら倫理学や神学，法学の文脈で論じられていた「パーソナリティ」が，なぜ，どのようにして心理学のカテゴリーになったのかを歴史的に説明しています。

もともと神学における霊的な文脈（「位格」としてのペルソナ）で論じられていたパーソナリティは，17～18世紀には法律上のカテゴリーとなって人間個人を指すようになります。後の第3章で述べるように，パーソン（人格）という概念を法的・道徳的な用語として導入したのは，ジョン・ロックです。それ以降，自然権論や道徳哲学の議論の中で人格権という表現が現れるようになり，パーソナリティは政治的文脈で論じられるようになります。このように法的・政治的・倫理的に論じられるにつれて，パーソナリティは次第に人間に限定された概念となりました。パーソナリティが，動物に適用されないのはそれゆえです。

カントや後のフランスの唯心論哲学者のシャルル・ルヌーヴィエ（Charles Renouvier：1815-1903）は，人格を道徳的主体に据えた人格主義と呼ばれる道徳哲学を展開しました（三嶋唯義，1994）。パーソナリティとは，たとえば知能や知覚のように，動物にも人間にも存在していると仮定されている生物的な能力ではなく，人間を社会の中でとらえたときに用いられる概念となりました。

では，パーソナリティの概念は，いつ，どのように心理学に導入されたのでしょうか。現在の心理学はアメリカが中心ですが，パーソナリティや性格の概念は，もともとヨーロッパで，とくにフランスにおいて成立したものです。

ダンジガーによれば，心理学におけるパーソナリティの研究は二つの文脈から生まれてきました。それゆえパーソナリティの概念にも二つの異なった意味が混淆して含まれています。一つは医学的・医療的な文脈です。近代になると医療の対象としてパーソナリティが語られるようになりました。この文脈では，パーソナリティは生

命力の統合性を表しています。もう一つは産業社会の要請という文脈です。近代社会は，ある個人をその能力に合わせて社会的に配置しようとします。その配分のテクノロジーとしてパーソナリティ論は発展してきました。まず医学的な文脈から見てみましょう。

19世紀末，フランスの自然主義的・唯物論的志向をもった医学者たちは，人間のパーソナリティとは，神秘的・霊的な存在ではなく，科学的に扱える身体的存在であると考えるようになりました。したがって身体が病気に罹るように，パーソナリティも疾患に陥るものとされ，パーソナリティは医学の対象となります。

この時代は，都市の群集の出現によって，後に述べる犯罪者の特定と識別に関わる司法的同一性が問題になりはじめます。精神医学の分野においては，多重人格が関心を集めるようになりました。イアン・ハッキングは，19世紀末のフランスにおいて，多重人格がヒステリー症状の一部をなすものとして注目されてきた過程を詳細に論述しています（Hacking, 1998）。これらの疾患は，記憶の変質や消失が，人格の同一性を根本的に脅かす病理と考えられたのです。人格同一性は，かつてのように不滅の霊魂によっては保証されなくなり，意識化可能性，すなわち記憶と結びつけられるようになります。

たとえば，フランスに科学的心理学を確立し，代表的な病態心理学者であったテオデュール・リボー（Théodule Armande Ribot：1839-1916）は，1885年に『パーソナリティの疾患 Les maladies de la personnalité』（Ribot, 2001）という著作を書きます。そこでリボーは，それまでは「意識の交代」として知られてきた事例を「パーソナリティの交代」と定義しなおし，これが後に，「多重人格」と呼ばれるようになるのです。

彼によれば，パーソナリティとは身体的な組織化の反映であり，パーソナリティの同一性とは，身体の有機的な統合性と同一性を表

現したものです。感情や欲求は身体から生じるものであり，感情や欲求のあり方はその人の根本的で生得的な身体メカニズムを表しています（Ribot, 2001；Braustein & Pewzner, 1999；Nicolas, 2005 参考）。

この著作の第一章は「器官的疾患 les troubles organiques」であり，第二章は「感情的疾患 les troubles affectifs」に割かれています。そして興味深いことに第三章は，「知的疾患 les troubles intellectuels」と題され，知覚異常や知覚不全，記憶異常，感覚に対する想像の優位などが論じられています。知覚異常なども重度の場合はパーソナリティの解体をもたらしますが，より重視されているのは記憶です。リボーによれば，パーソナリティの根源をなすのは記憶です。心理的外傷が現れると，記憶異常によるパーソナリティの変容が起こるからです。そこで第四章では，「人格の解体 dissolution de la personnalité」が扱われます。

18世紀の後半から19世紀を通じて，人格の分裂や複数化が生じた事例が次第に知られるようになり，1880年代ごろには，哲学や精神科医の重要な課題となります。ちなみに，20世紀初頭の文学，ジェイムズ・ジョイス，ヴァージニア・ウルフ，マルセル・プルーストの中には多重人格をテーマとした記述が多数見つかります。とくに，プルーストの父親はパリ大学医学部の教授であり，多重人格について症例報告を行っています（Ellenberger, 1980 上巻：196）。

リボーは，人格解体の三つの形態，すなわち，人格の解離 aliénation，交代 alternance，代置 substitution を観察しています。リボーは，形而上学や道徳学に結びついた古典的心理学を批判して，心理学を科学として成立させることをもくろみました（Nicolas & Ferrand, 2003）。そのときに，彼が心理学のモデルとしたのは物理学ではなく生物学でした。リボーによれば，心理学は生命科学や生物学の一部でなければならないのです。これは，物理学

をモデルとした他の心理学の伝統とはずいぶん違う考え方です。

クロード・ベルナールの実験医学とリボー

　リボーは，方法論としては，クロード・ベルナール，チャールズ・ダーウィン，ハーバート・スペンサーに影響を受けました。クロード・ベルナール（Claude Bernard：1813-1878）はフランスの生理学者であり，実験医学の創始者です。ベルナールは，医者は患者に対して治療という名の実験を毎日行っていると考えました。『実験医学原理』（原典1865年，Bernard, 1970）の中で彼は，生命現象を研究するのに下等動物の方が単純で研究しやすいなどということはなく，すべての動物は同じくらい完全であり，むしろ分化された単純さは，下等生物ではなく高等動物の方にこそ見つけやすい，と指摘しています（Canguilhem, 1991：166-181）。有機体が複雑であればあるほど，表現度が高く，生理現象を分離しやすいからです。

　困難な問題は分割して扱うという態度が正しいとしても，デカルトが言うような幾何学的・数学的な単純さと，生命現象が示す単純さとは何の共通性もありません。クロード・ベルナールのこうした考えは，条件反射説など心理学がモデルとした要素還元主義的な生理学とはまったく異なるものであることは注目すべきでしょう。人間をその生体の単一性の中で理解する科学は医学以外にない，とベルナールは言います。医学は疾病を個体全体の中で把握しなければならず，医学の本来の対象とは，生きているまるごとの人間です。それゆえ，医学においては人間主義あるいは人格主義を取らざるを得ません。医学が疾患だけを問題にできるようになるのは，人間全体の活動を部分的に切り取って，疾病を理論化し，公理化した後でのみです。クロード・ベルナールにとって病理とは，ある定まった状況において自然が生体に対して行っている実験のようなものなの

です。

　リボーはこうしたベルナールの考え方に影響を受けました。リボーにとって心理学とは，疾患という「自然の実験」を通して，生命現象としての個体のあり方を理解することです。パーソナリティの疾患について研究することは，パーソンという生命現象を理解することです。リボーは医者ではありませんでしたが，ピエール・ジャネやジョルジュ・デュマのような医者の弟子を指導し，ブロンデルやワロンに繋がるフランス病理心理学の祖となりました。

　スペンサー（Herbert Spencer：1820-1903）は，ダーウィンが『種の起源』を発表する前に進化論的な考えをもっていました。彼によれば，宇宙におけるあらゆる構造は，単純で未分化で等質性の高いものから，複雑で分化され異質性に富むものへ進化します。高度の構造は，それらの分化された異質な要素を統合することによって成り立っているのです。

　この考え方は，リボーやイギリスの生理学者であるヒューリングス・ジャクソン（John Hughlings Jackson：1835-1911）に影響を与えました。ジャクソンは進化論的発想を神経学に応用して，中枢神経の進化論的な階層性を想定しました。脳のような高次中枢は進化論的に新しいものであり，その目的は，脊髄や脳幹といった進化論的に古い下位中枢を制御し，その働きを抑制することにあると考えました。しかし高次中枢は破壊されやすく，神経系の病理はここから生じてきます。精神疾患とは中枢による統合と制御がうまくいかなくなり，全体から部分が解離することです。それは，ジャクソンによれば，進化論的には退化を意味しているのです。

　ジャクソンの考え方はピエール・ジャネ，フロイト，アンリ・エーなどの病理学に受け継がれます。リボーもジャクソンに倣って解離を退化と見なしました。リボーは自分が観察した人格の解体現象を，個体の統合度の低下としてとらえたのです。「人格が疾患に

かかる」という考えは，言葉の意味からすると奇妙ですが，パーソナリティを生命の統合的機能の表現ととらえて，その統合度が低下することが病理なのだと考えるなら納得がいきます[(1)]。ここには，個体の統合度を段階的なものとして扱う態度があります。

このようにリボーは，意識の交代を，パーソナリティの疾患ととらえなおしました。リボーの考えをアメリカに導入したのはウィリアム・ジェームズです。ジェームズは，アメリカ心理学の幕開けをなす1890年の『心理学原理』の中で，リボーやジャネのパーソナリティ疾患症例をとりあげています。ジェームズによれば，記憶の変化から人格変化へと症状が進むと，障害は重大なものになります。人格変化には，「記憶喪失あるいは虚偽意識」，「交代的人格」，「霊媒あるいは憑依」という三つの型があるとジェームズは指摘します。

以上のように，心理学におけるパーソナリティ理論は，最初は医学者や臨床心理学者によってもたらされました。パーソナリティ心理学の教科書にはかならずと言ってよいほど登場するエルンスト・クレッチマー（Ernst Kretschmer：1888-1964）の性格類型も，医学的な理論です。

クレッチマーは1930〜60年頃に活躍したドイツの精神医学者で，彼もまた人間の精神を生物としての身体から切り離しては理解できないと考えました（福屋・鍋田，1986）。そして，精神疾患患者を細長型・肥満型・闘士型の三つの類型に分類し，この三つの類型が健常な人にも当てはまる行動傾向であると主張したことはよく知られています。アメリカの心理学者で，クレッチマーから影響を受けたウィリアム・H・シェルドン（W. H. Sheldon）は，1930年代に体型と性格の関連についての調査を行い，クレッチマーの類型

---

(1) イギリスの神経学者で身体図式の概念の先駆者であるヘンリー・ヘッドもジャクソンと同じような「階層をなす機能」として神経構造をとらえていました。

と似た内胚葉型・中胚葉型・外胚葉型という分類法を提起しました。

クレッチマーやシェルドンの性格理論は、リボーのものと比べるとずっと気質論的な色彩が強いものです。しかしながら、医学的なパーソナリティ論に共通しているのは、パーソナリティを個人における生命の統合作用として力動的にとらえようとする点です。これは、今から述べる特性論的なパーソナリティ論とは際立った相違を示しています。

■ マルセル・モースとジャネのパーソナリティ論

心理学においてパーソナリティ概念が生まれてきたもうひとつの文脈は、産業社会の要請です。渡辺公三は、『司法的同一性の誕生』(渡辺, 2003) という大変な力作のなかで、個人にアイデンティティを付与し、他の個体から識別しようとする近代社会の制度がどのように確立してきたかを歴史的に追っています。その最初の部分で、次のような興味深い論文が取り上げられています。

それは社会学者・文化人類学者のマルセル・モースが、1931年の「社会学と心理学の関係性」というテーマのシンポジウムでのコメントしたものです。ジャネとピアジェが参加して、「個体性 individualité」について議論されています。

> ジャネ氏は、心理学を、自我と人格の形而上学を捨象した行動そのものの研究として考えておられる。…心理学と社会学は出発点を共有しています。すなわち社会をその要素に分解できるように、人格を分解できるのです。…身体的個人が、ベルティヨンの身体計測の手法によってかなり精密に計測され決定されるように、ジャネ氏の示したとおり、個人心理もまたその構成要素の調合されたものとしてベルティヨン方式（bertillonage）によって

処理されるのではないか。さらに，社会心理学において，ある社会集団の個体性は統計的に表現された諸特徴によって規定できるのではないか（Mauss, 1969：298；渡辺前掲書：28-29, 翻訳は渡辺による）。

ピエール・ジャネは，先ほど述べたリボーに影響を受け，シャルコーに招かれてサルペトリエール精神病院で心理学実験室長を務め，その後，ソルボンヌ，コレージュ・ド・フランスの教授を務めた臨床心理学の創始者のひとりです。フロイトのライバルとしても有名かもしれません。ジャネも，「人格とは統一と区別への『働き』である」（原典 1929, Janet, 1955）と言います。

彼はヒステリーに関心をもつうちに，ヒステリーの本質を「意識野の狭窄」としてとらえるようになります。その際，夢中遊行（夢遊病，somnambulism）に伴う健忘，すなわち「人格の二重化」をヒステリー症状の中心に据えたのです。

ジャネは，このヒステリー症状から人間一般の特徴を引き出そうとします。つまり，人間の人格とは，弁別された生物の統一の上に付加された，新しい心理的な統一だと考えたのです。生物は世界の無限の多様性に晒されながら環境に順応し，身体的な統一を維持しようとします。それに次いで，社会的統一が行われます。社会においても物理的世界に負けず劣らず多様性が存在し，私たちはその影響に翻弄されますが，「その中にあって，われわれは自己の個性を維持し，他人と結合すると共に，他人から自己を区別しなければならない。かくして社会的人格が形成される」（Janet, 1955：414）。

ジャネによれば，その新しい心理的統一である人格は「物語 récit」によって与えられます。人間は「四肢の行為」と「言葉の行為」という二通りの存在の仕方をしています。夢中遊行とは，四肢の行為を言葉で表現できない障害であり，体験を物語る能力，体験

を復誦する能力の障害です。夢中遊行の患者は（したがってジャネによれば，ヒステリーの患者は），その期間中にも正しいいくつかの行動をとることはできます。しかしそれを復誦すること，物語ることができないのです。この物語る能力の疾患こそが人格の二重化の原因です。ジャネはこう言います。

　このような記憶の消滅および再現の様子，このような記憶出現の変化は，物語の特殊な疾患にもとづいている。昨年述べたように，記憶の本質的現象は語ることである。われわれが自分の一生のある時期を思い出したということは，それをちょうど他人にかたるように，自分自身にむかって語ることである。われわれは話をする。よい記憶とは要するに一種の文才である。それは語る才能である。…二重人格の病気はこの話術の疾患である。物語と復誦の疾患である（上掲書：459）。

　人格としての心理的な統合性は，言語を用いた「物語」によって与えられます。言語とその語りは社会的な産物です。したがってジャネにとって，心理学的個体は「社会的な創造」に他なりません。社会は私たちを作り，また，私たちを壊します。ジャネは，人間は職能の対立や社会的地位によって相互に区別されると指摘します。

　人が霊魂とか人格とかいう観念を発明したのは，個人がすでに存在し，固有名詞がすでに存在してから，ずっと後のことである。最初は個人の創造は霊魂の形而上学とは無関係な，社会的作用である。われわれが個人になったのは，隣人がいつでも同じ固有名詞でわれわれを呼ぶからである。子供が個性をもつのも，人がいつも同じ流儀で彼を呼び，彼に対して統一ある行動をするか

らである。…かくして個性の統一がすこしずつ構成される。この統一はこわれ易い。それは集団と個人との関係によって，社会的に構成される。しかし，それは容易に崩れる（同上：244-245）。

人格と呼ばれるものは，社会が個人をある仕方で扱うことによって歴史的に作り出されてきたものです。ジャネは人格の統一が壊れやすいものであることも強調しています。

さらにジャネによると，私たちの社会はこの何世紀かの間に新しい性格を人格に付与してきました。それは時間的な統一性です。私たちの社会は，時間的な多様性，すなわち変化に抗って，ときがたっても自己の同一性を維持しなければならないと個人に命じています。これが人格の特性と見なされるようになったのです。しかしジャネはこの時間的統一がもっとも困難であることを，夢中遊行や二重人格の例をあげて指摘します。記憶の持続性がそれらの状態では失われてしまうからです。

一般に人格として社会に参加する者は，その人格の基本特性と経験とを自ら記録者として記憶しておかねばなりません。したがって自分の過去の経験が，自分に帰属できず，脱落したり変質したりするならば，その人の人格的同一性は崩壊したと考えられるのです。こうして，記憶が人格の中核を担うようになったのです。

さて，モースは，「パーソナリティとは社会的に構成されたものである」というジャネの主張に同意します。モースは，「人間精神は一つの範疇・人格の概念，《自我》の概念」（Mauss, 1976）という論文の中で，さまざまな社会や部族において「個人」「人」「人物」がどのような地位を占めているのかについて文化人類学的な研究をしています。そして，先の引用にあるように，パーソナリティの構成要素はベルティヨン方式によって処理されるものではないか，そして，その方法論によって個体の精密科学が成立しうるのではない

かと主張するのです。そのベルティヨン方式とは何でしょう。

■ ベルティヨン方式と司法的同一性

アルフォンス・ベルティヨン（Alphonse Bertillon：1853-1914）とは、パリ人類学会の創立者のひとりである人口統計学者、ルイ・アドルフ・ベルティヨンの息子で、近代的な司法的同一性の確定手法を考案した人物です。

アルフォンスは、人類学を研究した後に、パリ警視庁の事務官となり、そこで累犯者を同定し、監獄での記録を作成するための個人の同一性の判定技術を考案します。

ベルティヨンはこの判定技術に改良を重ね、1885年にローマで行われた国際行刑会議を機として、「特徴記載のための手引き」を作成します（Bertillon, 1886）（図1参考）。詳細は省きますが、そ

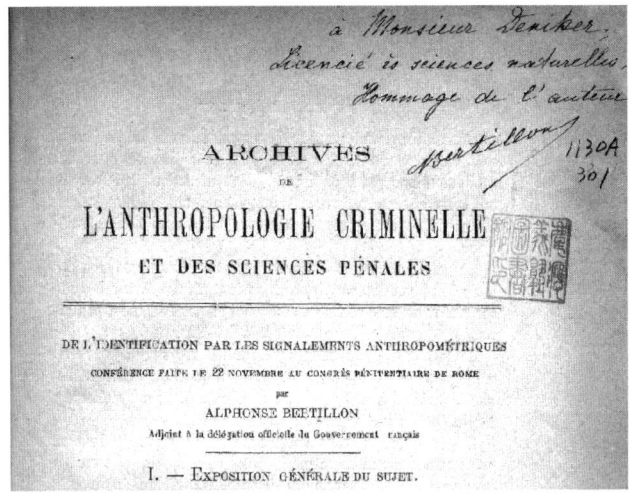

図1　Bertillon（1886）の1頁目に書かれたサイン（慶応大学図書館所蔵）

れは，①身体計測，②虹彩の色，耳の形，鼻の形など顔の特徴，③身体各部位に見られるさまざまな特異的特徴から，犯罪者を識別するようできています（Bertillon, 1977；渡辺前掲書：51）。こうして業績をあげたベルティヨン方式は，アメリカの司法・行政・徴兵システムでも採用されることとなり，1890年代には世界的に高い名声を博すようになります。

最終的にベルティヨン方式は，指紋による識別法（指紋法はフランシス・ゴールトンが支持していました）に主役の座を譲っていきますが，ベルティヨンの身体識別法によって司法的同一性のための方法がはじめて確立されました。渡辺公三は『司法的同一性の誕生』は，その過程を詳細に論じています。

ここには，ミシェル・フーコーが『監獄の誕生：監視と処罰』

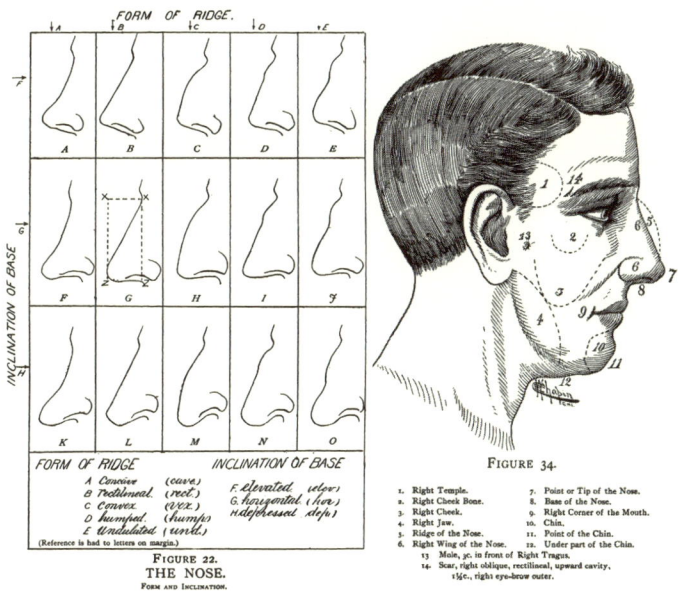

図2：Bertillon, 1977: 65, 82

(Foucault, 1977)で分析したものと同じような，近代社会による個人の管理方法を見て取ることができるかもしれません。フーコーはこの著作で，近代社会が規律訓練型社会として確立してゆく過程を暴き出します。規律訓練型社会とは，人間を個々人へと分断化・個体化しながら，同時に国家の下に自発的に服従させてゆくような社会です。それは，人々に自由を与えると同時に，人々を一定の基準に規格化・画一化するような訓練や教育を施し，その規律を各人が自発的に遵守することで社会秩序を維持するような社会です。

　自分を自分で評価し，改善するという態度を個々人に身につけさせることは，権威に頼ることなく個々人を自発的に法に服従させなければならない近代の社会・政治体制にとって欠くことのできない補完物です。この管理方式は，少人数で多数の人間を管理しなければならない監獄や病院，軍隊，学校，工場などで用いられ，近代社会の標準的な形態となっていきます。ベルティヨン方式とは，まさしく規律訓練型社会が要請した個人識別方法だったのです。

　さてモースに話を戻すと，彼がパーソナリティをベルティヨン方式で記述できると主張したときには，ジャネが指摘したパーソナリティのダイナミックな側面（「人格とは統一と区別への「働き」である」）は軽視されていたように思われます。モースの考えに従えば，パーソナリティは「特性」であって，「働き」ではなくなります。しかしジャネの主張自体も揺れています。

　ジャネにおいても，一方で，個人は自分から同一性を維持しようとする「働き」としてとらえられているのですが，他方で，「子供が個性をもつのも，人がいつも同じ流儀で彼を呼び，彼に対して統一ある行動をするからである」といったように，パーソナリティを社会の側から与えられたものとしてもとらえています。ジャネのパーソナリティ論は，リボーのものを受け継ぎながら，パーソナリティを社会の側からの対象化を重視している点に違いを見出すこと

ができます。

■ 統計的偏差値としてのパーソナリティ

　アメリカの心理学でパーソナリティ論が発展するのは，ジャネの研究よりもしばらく後ですが，そこには個人の社会的計測と管理の側面をよりはっきりと見ることができます。アメリカでは，パーソナリティ研究は，知能検査の延長上で発展してゆきます。

　知能検査（IQ テスト）は，教育制度の産物であることは周知のとおりです。フランスでは 1886 年と 1893 年のフェリ法により義務教育が設置されますが，そこで通常の教育についていけない子どもが問題となりました。心理学者のアルフレッド・ビネ（Alfred Binet：1857-1911）は，フランス教育当局から特殊教育が必要とされる知的遅れをもった子どもを選別する基準を作るように依頼され，知能尺度を開発しました。

　ビネの知能検査法は，後の IQ テストのように子どもの将来を予測しようとするものではなく，現在の子どもの状態を測るものでした。ビネは 1905 年に最初のテスト 30 例を行いますが，そこにはイメージの言語化，重さの比較，イメージの記憶，言葉穴埋めなどが含まれています。

　ビネにとって知能とは単独に図れる性質ではなく，感覚や知覚にも結びついた判断の全体的な機能を意味していました。その検査はいわば医療的なテストに近いもので，結果には 5 ページのコメントをつけています。

　ビネはこの尺度を個人心理学の一部として開発し，多人数への大規模な適用を想定していませんでした。しかし彼の方法は，次第に，あらゆる人間の知能を一律に測定できる検査として利用されていきます。統計学の発展によって個人の特性を集団の中の偏差とし

て位置づける方法論が確立してきたことも,そうした検査を可能にしました。とくに,アメリカでは,第一次世界大戦時に徴兵選抜検査に利用されることで,知能検査は広く普及してゆきます。もちろん,ここには先のベルティヨン方式と同じ発想に立った,個人を分類し選別する管理方式が見てとれるでしょう。

しかしながら,知能検査の実用上の限界は,次第に明らかになっていきました(Danziger, 2005 下巻：31-32)。すなわち,知能検査の測定結果は,ある程度,学業の成績とは相関するものの,実際の職業においては,せいぜいはっきりした不適格者をふるい分けられる程度の実用性しかなかったのです。同様の限界は,職業選択や犯罪や非行の予測,精神科患者の予後の予測などにおいても見出されました。しかしその一方で,大規模で一括して行える社会的な選別方法の要請は強まるばかりでした。そこで求められていたのは,知能検査とは異なった,職業場面で有益な諸能力を割り出せる測定方法でした。ここにヨーロッパから持ちこまれた性格やパーソナリティの概念が利用されたのです。

もちろん,ここで測定されるべきは,個体の統合的な「働き」や「連合した全体」などではなく,数量化しやすい行動上の諸特性でした。こうして開発されたパーソナリティの測定法は,個人間の相違が純粋に数量化できるように工夫されています。知能は,知能検査によって量的に一律に測定できるものとして考えられるようになりましたが(それによって人間の知的活動に関するイメージは著しく狭いものになってしまいました),同様の尺度化がパーソナリティについても行われたのです。

最初に述べたように,アメリカでパーソナリティ心理学を確立したのは,ゴードン・オールポートだと言ってよいでしょう。彼の心誌図表(オールポートの性格特性の分類表)には,体格,知能,情緒的反応と気分,内向性・外向性,攻撃性,従順性,自己理解,自

信，社会的行動，社会理解，社会参加に関連した14の特性がリストアップされています。

これは，パーソナリティ測定が，知能測定や身体測定の延長上で，学校や職業での適性検査として利用されたことを示しています。実際に，オールポートは個性の研究方法として，ヨーロッパで生まれた差異心理学の方法を用いるのですが，彼が差異心理学の基礎を作ったと評価しているのは，先ほど指紋法のところで触れたフランシス・ゴールトンです（Allport, 1982 : 7-8, 76-77）。

ゴールトンは，イギリスの遺伝学者（ダーウィンのいとこ）で優生学を創始した人物です。彼は，人間のすべての特徴は，個々人の測定値と他の多くの人々の関連するデータと比較されて分析されるべきだと主張しました（これは「人体測定学 anthropometry」と呼ばれました）。ゴールトンは心理学に統計学的方法をはじめて用いたひとりです。

パーソナリティが問題となる文脈

オールポート以降，心理学ではさまざまなパーソナリティ検査が開発されてきました（Cattell, 1981；Eysenck, 1973；鈴木・佐々木 2006）。ここではその流れを詳細に追う紙幅がありませんが，パーソナリティ論は特性論から因子分析へと発展し，現在では，これまでのパーソナリティ理論を総合して，五つの因子へと分析する「性格5因子論（ビッグ・ファイブ）」と呼ばれる理論が認められているようです（丹野，2003；柏木，1997）。

その5因子とは，①外向性—内向性，②愛着性—分離性，③統制性—自然性，④情動性—非情動性，⑤遊戯性—現実性，となります（丹野，2003）。たとえば，「いろいろな人と知り合いになるのが楽しみである」と答えた人は「外向的」なポイントを得るわけです。

しかし、こうした質問に対して回答者は、自分がどのような状況に置かれていると想定して答えているのでしょうか。あるいは、このような質問はどのような回答者を想定しているでしょうか。「いろいろな人と知り合いになるのが楽しみである」ような状況とは、周囲に敵がなく、油断してはならない相手がおらず、自分が攻撃の可能性にさらされていないような状況でしょう。

しかし、そうした穏やかな状況に住みえない人たちもいます。たとえば、諜報部員や潜入警察官が、日常生活であっても、このように思うでしょうか。ゲリラが潜んでいるかもしれない小さな町や村に駐屯している軍人はどうでしょうか。著名人や芸能人はどうでしょう。ホームレスの人たちはどうでしょう。民族迫害にあっている人々、あるいは、政治犯の嫌疑をかけられている人はどうでしょうか。ナチス政権下で仲間が次々に強制収容所に送り込まれているユダヤ人が「外向的」になりえたでしょうか。犯罪の被害者が、見知らぬ人と知り合いになることに警戒心を抱くのは、その人の内向的なパーソナリティのせいでしょうか。

これらが非現実的で極端な例、あるいは一時的な異常状況に思えたとしたら、それは自分の住んでいる日常的な環境を当然と考えて、想像力が弱っている証拠ではないでしょうか。それとも、これらの状況での人間の行動は、パーソナリティ心理学の守備範囲外の事例なのでしょうか。むしろ、私はそうなのだと思います。これが従来のパーソナリティ心理学の限界だと思います。

状況の設定なしでその人の個人的な行動特性や思考傾向などを語ることは不可能です。パーソナリティ心理学の測定分類は、大まかに言えば、学校から就業し、家庭をもつという先進国社会での平和で小市民的な人生を想定していることは明らかです。

そこで問われているのは、ある人が学業と仕事の遂行に関連してどのような適性をもっているかです。それ以外の人間の行動を左右

する要因や状況はきれいに排除されます。オールポートの心誌では，まだ項目にのぼっていた審美性や政治性，価値さえも，以後の性格テストでは抜け落ちていくのです。道徳性・倫理性，政治的選択，審美的志向，宗教的・文化的背景と志向，思想性，性的志向などは，現在の心理テストでは問題にされません。

　しかし，これらの項目は人間の行動においてきわめて重要あるいは基本的ではないでしょうか。にもかかわらず，それらは学業と仕事に関係しないのでパーソナリティ心理学では問われることはないのです。むしろ，そうした政治的志向や宗教性などは，パーソナリティ・テストの質問項目としてはならないでしょう。人間において「標準的な」環境が存在する，その中でその人の「普通の」行動をとりだしてくるのだ，という暗黙の想定がパーソナリティ心理学にはあります。それゆえ，先進国社会の学校と職場という状況を超えるような，先にあげたような厳しい状況下ではパーソナリティは問題でなくなるのです。

■ パーソナリティ心理学の問題点

　心理学におけるパーソナリティ尺度は，産業社会への適応度を測定するテクノロジーになってはいないでしょうか。ある人のパーソナリティや性格が語られて，問題とされるのは，職場の同僚や学校の生徒など，近しいけれども，家族のメンバーではない人々についてだけではないでしょうか。

　家族や親友のあいだでパーソナリティが話題にされることなどまずないはずです。たとえば，家族のあいだでいわゆる内向的に振る舞う人などいるでしょうか。パーソナリティが問われるのは，端的に言えば，共同作業が行われる場所で，仕事の能力以外の，その人の人間関係に関わる側面が問題になったときだけなのです。

心理学が言うパーソナリティの特性とは，学校と職場というかなり閉じた，ある意味で特殊な状況における，その人の社会的有用度や適応性を尺度化したものだと言えそうです。

再びダンジガーの心理学史を参照すれば，パーソナリティという概念は，20世紀に入ると一般向けの文献に頻繁に登場するようになったことが分かります（Danziger, 2005 下巻：29）。

とくにアメリカでは，自己改善に関する文献の中にパーソナリティという言葉が見つかります。この分野では，以前は道徳的な含意をもった性格・人柄 character というカテゴリーが頻出していましたが，いまやパーソナリティの成長のための本や記事が続々と登場しはじめたのです。

かつての自己改善のガイドが主に取り扱っていたのは，「義務」「市民性」「清廉」「人間らしさ」といった道徳的・倫理的・政治的な概念でした。しかし時代が変わり，新しいガイドが強調したのは，「魅力のある」「創造的な」「優れた」パーソナリティへの成長です。人々が，産業社会に適した人物となることを目指して自己改善するようになるにしたがい，パーソナリティ・テストは普及したのです。

もちろん私は，そうした人間の特徴や側面を測定すること自体を悪いことだとは思いません。しかしそれが人間の科学的研究であると宣言され，その尺度があくまで脱価値的で客観的，不偏不党であるかのように扱われてしまう点が問題なのです。パーソナリティ心理学の中で暗黙のうちに設定されている典型的な人物や社会や状況は，自明のものとされ，同時に，それが含意している人間観や価値観は見えなくなります。これでは，学校や職場での自己のあり方が自分の本質であり，それ以外の状況での政治的・道徳的・審美的などの側面は自己の本質には含まれないということになってしまうのではないでしょうか。

私がこれまでのパーソナリティ心理学に問題を感じるのは，次の二点です。一つは，パーソナリティ概念には，医療的な文脈から生じてきた気質的な性格と，能力測定の文脈から生じてきた社会的な適応度という意味の二つが，不明確なままに入り混じっていることです。

　気質と社会的位置づけとを暗黙のうちに混淆させてしまうのは，社会的価値があたかも生物学的・遺伝的に決まっているかのような考え方を生んでしまわないでしょうか。「この人はもともとこういう気質なのだから，こういう職場に向いている」といった俗流の運命判断のようなものを，心理学が支援してしまうことになりかねません。しかし，この傾向は，パーソナリティが個体の「内側にある」と規定したときから孕んでいた危険であると思われます。

　二つ目は，いま述べたように，パーソナリティが問われる状況は，実は職場の同僚や学校の生徒などかなり限られた場面であるにもかかわらず，あたかもその人をトータルにとらえることができているかのような印象を与えてしまっていることです。

　もともと知能測定もパーソナリティの測定も，標準からの個体差を図ろうとするものでした。パーソナリティ心理学の前身である差異心理学も，1820年代に，ドイツの天文学者ベッセルが天体の観測誤差を測定する必要に迫られ，誤差修正の個人方程式といったものを考えついたことが原型だと言われています（Reuchlin, 1990：12）。パーソナリティはある標準からの偏差として測られているにもかかわらず，その標準とは何か，それを測定している典型的状況とは何かが明示されていないのです。

　ここには，カンギレム（Canguilhem, 1987）が指摘した，標準・平均と正常との混同があります。平均的であることはただちに正常とは言えず，平均からずれていてもただちに異常とは言えません。ほとんどの現代人は多少の虫歯をもっていますが，虫歯はやは

り病気です。逆に，生物の正常性は，つねにその個体に対して通時的に参照されなければなりません。正常なものと病理的なものの境界は，多数の個体の平均値ではなく，一つの個体を時間的に連続的に追えば明らかになります。逆に，偏差が問題になるのは，個人をトータルに見る場合ではなく，ある個体を社会の中で配分しようとする視点に立ったときです。

現在の性格テストは，しばしば，ある職場を求めて集まった志願者の中から統計的に最も成功しそうな人を選ぶときに，選ぶ側が用いるものです。それを，「パーソナリティ・テスト」とか，「性格テスト」とか呼ぶことが妥当でしょうか。オールポートは人間を全体的・統合的に把握することを目的としていましたが，それがいつの間にか，キケロの三番目の定義「人を仕事に適応させる個人的資質の集合体」に限定してしまっています。

エコロジカル・アプローチでは，動物の心的活動をつねに環境との相関でとらえます。そこでは，社会的な標準との関係で個体を位置づけるのではなく，あくまである特定の環境に住んでいる特定の個体として人間を扱います。この観点から，これまでのパーソナリティ心理学で見落とされてきた側面に光を当てようと思います。

第2章
エコロジカル・セルフ

■ エコロジカル・アプローチとは

　前の章では，これまでのパーソナリティ心理学が医療と産業社会での有用性という文脈の中で発展してきたことを見てきました。この章では，エコロジカル・アプローチをとったときには，人間個人はどのようにとらえられるのかについて考えてみたいと思います。ここでは，パーソナリティという何かある人の本質を指すかのような用語は用いずに，個体としての人間はどのように理解されるべきかを提案します。

　まず，ギブソンの生態学的心理学の基本的な考え方，直接知覚論とアフォーダンスの概念，自己知覚論を簡単に紹介いたします。

■ ギブソンの生態学的知覚論

　最初に述べたように，ギブソンは，生態学における動物と環境の相互依存性という考え方を知覚理論に導入します。知覚とは，環境への適応行動の一環をなしています。

　ギブソンは，直接知覚論という認識論上の立場をとりました[(2)]。直接知覚論によれば，私たちが知覚しているのは，網膜像のような

---
(2) 以下のギブソンの知覚論については，河野（2003；2005）を参照のこと。

身体に与えられた刺激でもなければ，脳の中の表象やイメージでもなく，実在の世界そのものです。実在 reality とは，人間の主観性や心のあり方から独立に存在しているものを意味します。したがって直接知覚論とは，知覚された世界が実在しているという知覚世界の実在論 realism に他なりません。

ギブソンが厳しく批判したのが間接知覚論です。間接知覚論とは，知覚世界は実在の世界そのものではなく，心が作り出した表象だとする立場です。実在の世界からやってくるのは，センス・データのような知覚の構成要素だけであり，複雑な知覚世界は心の作用（推論，連合，記憶など）がこれらの要素を加工することで作り出されるというのです。ヴント，ティチナー，ヘルムホルツのような構成主義者は間接知覚論の代表であることはご存じのとおりですが，現在のコンピュータ科学者の中にも同じような考え方をする人たちがいます。

間接知覚論は，世界が孤立した粒子でできていて，身体が受ける刺激作用もまた相互に孤立したモザイクであるとの前提に立っています。この前提から，心ないし脳が孤立した要素を加工して，連続した知覚世界を構成するという発想が生まれてくるのです[3]。

しかし，ギブソンはこの前提を疑問視します。視覚でいえば，光刺激は知覚者の内部で何かの処理を加えなければならないほど貧困ではありません。環境中の光の刺激作用は，すでに構造と秩序を備えており，環境のあり方を特定するのに十分に豊かです（そうでな

---

[3] このように従来の認知主義や構成主義は暗黙のうちにニュートン的な実体 substance の存在論を想定しているのですが，ギブソンはこれを批判して，出来事と過程の存在論に基づいた新しい知覚論を展開しました。どのような認識論もその背後に，「何が世界の中に存在しているのか」という存在論を前提としています。ギブソンが行った最大の革新は，過程の存在論を採用したことです。過程の存在論に立てば，世界は根本的に時間的に推移するもろもろの出来事 event からできており，時間や空間や実体はむしろそこからの抽象にすぎないのです。

ければ，どうして世界をより詳細に知ることなどできるでしょうか）。構成や加工といった仲介過程は，初期状態と最終状態に差がある場合にのみ意味をもちます。

しかし，光刺激の構造が環境の特性を表現し，網膜刺激がそれを正確に反映しているなら，初期状態，中間状態，最終状態といった区別は不必要です。したがって，刺激をモザイク状のものと仮定する必要はなく，モザイク的刺激をまとめあげる内的過程を想定する必要もないのです[(4)]。

ギブソンにとって，知覚とは，内的な知覚表象を作り出す製作行為ではありません。知覚とは，実在している環境のある部分に注意を向け，何かを探索する行為です。環境中の情報は直接に利用できるかたちで環境中に存在していて，知覚者はそれをピックアップするだけです。もちろん，何かの情報を取得する，環境を探索するという点において，知覚は能動的な過程です。しかしそれは世界を主観で作り上げることではありません。

動物は環境を知覚することで，己の行動を変化させます。行動が変化するのは，環境から新たな情報がもたらされたときです。したがって知覚とは，環境のある側面に注意を向けて弁別し，それにより自分の行動を変化させるところの自己制御行為です。

光や他のエネルギー形態（音など）の中には，対象 object・出来事 event・配置 layout といった「高次の」知覚構造を特定する情報も実在しています（「高次の」という表現は，「低次の」センス・データとの対比で考えられているのであって，本当は適切な言葉ではありません。感覚やセンス・データは，むしろ分析的な探索的知覚を行ったときに得られる情報です）。

環境中には，アフォーダンスを特定する情報も存在しています。

---
(4) この点は，ギブソンがブルンスウィックの確率機能主義をどのように克服していたかを考えていただくとよいと思います。河野（2002）を参考のこと。

アフォーダンスは，ギブソン心理学の中心概念です。

■ アフォーダンスとは何か

アフォーダンスとは，英語の"afford"を名詞化したギブソンの造語であり，「動物との関係において規定される環境の特性」（根拠：341）を意味しています。

アフォーダンスは，動物の行動や生態と相対をなしている環境の生態学的特性のことです。それゆえ，アフォーダンスは，動物にとって，自分の生活に密接に関わる価値や意味をもった（環境中の）特性です。アフォーダンスの概念は，価値や意味の主観主義に抗して，それらの環境における実在性を主張しています。先に述べたように，動物の行動に対応した生態学的地位や棲息場所のことはニッチと呼ばれていますが，ギブソンによれば，ニッチとはアフォーダンスの集合です。アフォーダンスの知覚とは，「価値に満ちている生態学的対象を知覚する過程」です（生態：152）。

たとえば，その上を歩ける面は歩行や移動をアフォードします。垂直にたちあがった堅い面は衝突や移動の妨害をアフォードします。遮蔽面や穴は他者から身を隠すことをアフォードします。物から突き出た把手は，それを持ち運ぶことをアフォードします。ナイフは切ることをアフォードします。

負傷や恩恵に関わるアフォーダンスもあります。ある物質や物体（餌・食物）は栄養摂取をアフォードし，別の物質や物体（毒・腐敗物）は病気をアフォードします。ナイフの刃は何かを切ることもアフォードしますが同時に，触れてケガすることをアフォードします。ヘビは噛まれることをアフォードします。

ここから分かるように，アフォーダンスとは，それに対して動物が関わる（行動する）ことで，ある出来事が生じてくるような環境

の特性を意味しています。

たとえば，薄い氷は，「その上に乗る→割れて水に落ちる」ので水中落下をアフォードし，分厚い氷は「その上に乗る→そのまま歩ける」ので，移動や支持をアフォードします（もちろん，その動物の体重によってどの程度が「分厚い」氷なのかは変化します）。

ナイフ・斧は切ることをアフォードするということは，「使う→（何かを）切る」という出来事を生じるということです。

食物は栄養摂取をアフォードするということは，「食物を食べる→滋養になる」という出来事を生じるということです。ヘビは噛まれることをアフォードするということは，「ヘビへの接近→噛まれる」という出来事を生じるということです。

アフォーダンスとは，生態学的出来事（事象）を発生させるような環境の特性です。動物がアフォーダンスを知覚するということは，動物がその対象に関わることで生じる出来事を予期的に知覚することなのです。私たちはアフォーダンスを知覚することで自分の行動をコントロールします。ここから，アフォーダンスの知覚はほとんどが学習されたものであるといってよいでしょう。

アフォーダンスについてはこれまでつねに誤解がつきまとってきました。その多くは，批判者や質問者が暗黙のうちに間接知覚論を採用していることから生じています。以下の点に注意すべきでしょう。

①アフォーダンスは環境の側に実在する特性であって，主観的な観念や概念ではありません。アフォーダンスそのものは情報ではありません。
②アフォーダンスは動物個体との関係で定まる特性であって，かならずしも動物の種に共通していません。
水たまりは幼児にとっては溺れることをアフォードしますが，

大人にとってはそうではありません。ピーナツは、ある人にとってはアレルギーをアフォードしますが、他の人にはそうではありません。

③アフォーダンスは刺激ではありません。

動物はアフォーダンスを知覚することによって、自分の行動を規制しコントロールしたりできます。しかしアフォーダンスは、行動を引き起こす原因、すなわち刺激ではありません。一定の行動を不可避に生じさせるものではないのです。むしろ、環境のもつ潜在性であり可能性なのです。アフォーダンスは、行為者の自由と対立するものではありません。

④アフォーダンスにおいては、自然的なものと人工的なものを区別することは意味がありません。郵便ポストは、そこに「手紙を入れる」ことで「郵送」という出来事を引き起こします。水道の蛇口は、「捻る」ことによって「飲み水が出る」という出来事を引き起こします。蛇口は飲み水をアフォードするのです。

郵便ポストや水道が、社会的・人工的に維持されている機構であることは、アフォーダンスと関係ありません。アフォーダンスは、それに動物が関わることで一定の生態学的出来事が生じる環境特性であり、そのメカニズムがどのようであるかは問題ではないのです。

⑤動物にとって、他の動物は、最も重要なアフォーダンスの源泉です。

さらに特徴的なのは動物どうしのアフォーダンスが相補的であることです。餌食となる動物がそれを狙う動物にアフォードするものは、狙う動物が餌食にアフォードするものと相補的です。乳幼児と親の間の庇護関係、買手と売手の商業関係も同様です。

■ 自己を知覚すること

このようなギブソンの知覚論から、どのような自己論が導出されるのでしょうか。

間接知覚論を採用した近代の哲学や心理学の最大の問題は、私たちの心理作用が主観的な表象の中に閉じ込められてしまい、環境と本当の意味でのインタラクションがなくなってしまう点にあります。

間接知覚論によれば、知覚世界は実在の世界ではなく、脳や心が生み出したイメージのようなものです。自分の心は自分だけに知りうる、他人には根源的に隠された私秘的な領域になってしまいます。逆に、他人の身体としては存在していても、そこに心があるかどうかは永遠に分からないことになります。もしかしたら、世界に自分しか存在しないかもしれない。こうした想定を「独我論」と言いますが、間接知覚論は、日常生活では誰も信じていない独我論を承認せざるを得なくなります。

心身がどう関係しているのかもよく分からなくなり、心身問題が発生します。意識のハードプロブレム（物体である脳からどうして主観的な意識の世界が生まれるのか、それはどこに生まれるのか、という問題）やクオリア問題（意識に現れる質感が、どのようにして物体である脳から生じるのかという問題）といった原理的に解決しそうもない問題に苦しむことになります。

それらの問題が解決不能なのは、間接知覚論という誤ったフレームの中で問題が立てられているからです。心理学者や認知科学者の中には、これらの理論的・哲学的な困難を無視して、従来のフレームで研究を続けている人もいますが、放置して済むものではありません。最終的にそうした研究は行き詰ることでしょう。

ギブソンの立場をとれば、こうした間接知覚論が直面する難問と

は無縁になります。知覚される生態学的世界は外部に実在しているのであり,知覚は各人の心に閉じ込められた主観的表象などではないからです。哲学者のパトナムは,近著の中で,心と環境のあいだに媒介項(「インターフェイス」)を設ける近現代哲学と心理学を厳しく批判し,「自然な実在論」を提唱しています(Putnam, 2005)。

ギブソンは,パトナムよりもはるか以前に,この問題に気づいて,同様の主張をしていました。ギブソンにとって自己とは,自分自身によってしかアクセスできない私秘的な精神などではなく,世界に向かって行為している身体です。エコロジカル・アプローチから強調されるのは,自己とは徹底的に身体的な存在であり,世界に根を下ろし,環境に立脚した存在だということです。

自己について知ることは,非物質的な精神作用について知ることではありません。自己意識,自己認識,自己知とは自己身体の知覚に他なりません。

ギブソンは,『生態学的視覚論』の中で独特の自己知覚論を展開しています。それによれば,「知覚とは,環境の面およびその中にいる自己自身を知覚すること」(生態:270)です。つまり,私たちが自分をとりまく環境を知覚しているとき,そこにはつねに自分自身の知覚が伴っているのです。環境の知覚と自己の知覚は,同時に生じているだけでなく,相互依存的な関係にもあります。「自己についての情報は環境についての情報に伴い,両者は分ち難い。コインの両面のように,自己の知覚と外界についての知覚は分ち難い。知覚は2つの極,主体的なるものと客体的なるものをもち,情報はその両者のいずれをも特定するのに有効である。人は環境を知覚し,同時に,自分自身を知覚する」(生態:136)。自己知覚は環境の知覚なしにはありえません。環境への働きかけの中にこそ自己があるからです。

従来の心理学の考え方では,知覚者が自身を知覚するのは自己受

容感覚によると考えられてきました。外部感覚は外部受容器群から，自己受容感覚は自己受容器群からそれぞれ生じると想定されていて，自己受容感覚とは，事実上，運動感覚のことを指していました。

しかしギブソンの考えでは，自己知覚は筋受容器からだけやってくるのではありません。実際には，六種類もの感覚（筋肉に関するもの，関節に関するもの，前庭系に関するもの，皮膚に関するもの，聴覚に関するもの，視覚に関するもの）が自己知覚に関わっています。

視覚についても，従来考えられてきたように自分の外側にある環境を知覚するためだけのものではありません。視覚によって私たちは環境のみならず自己に関する情報も得ています。視覚は，身体が一時的に取っている姿勢，身体の移動，手足の運動についての情報を与えますので，視覚もひとつの自己受容感覚です。カメラの場合とは違って，人間の場合は，視覚野の中に，自分の鼻・顔の一部・胴体といった自己の一部が見えています。同じ視覚系が環境と自己の両方を特定するのです（生態：121-136）。

ロボット工学者のファイファーとシャイアー（Pfeifer & Scheier, 2001：82-142）も，外界の知覚と自己知覚が相補的であることを指摘しています。古典的な人工知能設定では，エージェントは環境とまったく相互作用を行わないように設定されていました。しかし，環境の中で自律的に活動する完全自律エージェントを作るためには，エージェントは自身のセンサ-モータシステムを通して環境と相互作用しなければなりません。

エージェントにセンサを実装することは，それに視点を与えることであり，視点を与えるということは自己と環境についての相対的な情報を得られるようにすることです。自己と環境についての情報が同時に与えられることは，エージェントが自律的に行動し，自己

の行動を制御するためには必要不可欠なのです。

こうした視点がないエージェントは、フレーム問題（起こりうる出来事の中から、関連することだけをふるい分けて抽出し、それ以外の事柄は無視するようなフレームを作らないと問題解決に無限の時間がかかってしまうという問題）を引き起こしてしまうのです。

ギブソンにとって人間は徹底的に身体的存在であり、私たちは自分自身を世界の一部としてつねに知覚しています。身体としての自己は知覚世界の一部をなしており、自己と世界は異質な二つの領域などでは決してありません。ギブソンは、「主体と客体は領域が異なるものと考えられているが、実際にはそれはただの注意の両極に過ぎない」（生態：126）と主張します。最終的に、ギブソンは、私たちが知覚するのは、形でも、色でも、運動でも、形状でもなく、対象や出来事でさえないと論じます。私たちが知覚するのは、環境の中で活動している私たち自身なのです。

■ 人間的環境と心的作用の形成

自己知覚において明らかになるように、自己と環境とは分かちがたく結びついています。

環境上の地形との相対的位置関係から切り離して、自己の運動について語ることはできせん。自己は世界との関係性の中に埋め込まれており、逆から見れば、知覚される世界の中には自己がすでに書き込まれているのです。アフォーダンスの知覚とは、そうした世界に書き込まれている意味や価値を知覚することです。

湖面の氷が固いと知覚するとは、その上を歩けると知覚することです。その場合の固さとは、すなわち歩行可能ということです。ある固さの氷は、ある人に歩行をアフォードします。もちろん、体重がもっと重い人には、同じ氷でも十分に固いとは言えないでしょ

う。また食べ物が固いと感じることは、それとは別の意味をもちます。その場合の固さとは、咀嚼困難を意味するのです。

世界が意味をもって知覚されるのは、私たちがその世界と関係しながら存在しているからです。私たちは環境に向き合って、環境に働きかけて生きています。あらゆる心理作用も、世界とは区別された内的領域の出来事としてではなく、世界との関係性(「文脈性」と言い換えてもよいでしょう)の中に位置づけられなければなりません。

動物は環境に働きかけ、それによって得られる変化によって自分自身をも変えていきます。動物は環境と循環的関係を立てながら生活し、環境の方も動物との関係によって変化します。この循環的関係によって、生態学的歴史が形成されます。物理学的な世界は、私たち生命が関わっている程度の短い時間スパンでは変化しないかもしれません(しかし本当は宇宙にも歴史があり、物理的自然も変化します。元素は最初からすべて揃っていたのではなく、宇宙が進化する過程で生成されました。法則性にしても、宇宙の始まりのときにはただ一つしか存在していなかったものが、宇宙が膨張して冷えていくにつれて、重力、電磁気力、強い相互作用、弱い相互作用の四つに分岐していったのです)。しかし生態学的環境はもっと明らかに歴史的な形成物であり、その歴史には動物も大きく参与してきました。

人間は、多かれ少なかれ自分たちが歴史的・社会的に作り上げてきた環境の中に住んでいます。自然環境と人工的環境をはっきり分離することはできません。「あたかも2つの環境が在るかのように、自然環境と人工的環境とを分離することは間違っている。人工物は自然の物質から作らねばならない。またあたかも物質的産物の世界とは別個に精神的産物の世界が存在するように、自然環境と文化的環境を区別することも同じく間違いである」(生態:140)。

人工物は無から創造されたのではなく，自然の材料に手を入れたものです。人間は自分の周辺の環境に段々に改変してきました。人類がその環境の形や物質を変形してきたのは，環境が人間にアフォードするものを変えるためにです。

したがって，人間の心理作用の多くは，消化作用や呼吸作用のように，主に自然的な環境とのみ相関している機能と同種のものとして考えない方がよいでしょう（それでも，人間の消化機能も，農耕をする以前と以後ではずいぶんと変わったのかもしれません）。

人間の心理作用の多くは，自然的かつ人工的な環境とのループ効果によって形成されてきたものです。よって，人間の心理作用の多くは，「住民登録をする」といった社会行為（人工的・社会的環境とインタラクションする行為）に類似のものとして考える方がよいのです。

社会的・文化的・歴史的環境と心理作用

たとえば，本書の冒頭で取り上げた「計算する」という心理的能力は，紙・筆記具・計算機という人工物とのインタラクションによって成り立っています。それ以前に，数学という一種の言語の存在なくしては計算などありうるはずがありません。

思考一般に話を広げたとしても，内語だけによってどれほどの思考が可能となるでしょうか。紙に書いたり，他人と会話したりせずに，持続的な思考をすることは極めて困難です。私たちは考え終わったことを紙に書きつけているのではなくて，自分が紙やコンピュータ画面に書いた文章に刺激を受け，それによって次の考えをたぐりよせているのではないでしょうか。

書字という社会的かつ人工物的な支えがなくては，小説のような長いフィクションや，複雑な科学理論を構想することはできませ

ん。そもそも内語も会話の模倣（会話のふりをすること）から生まれたものです。

　あるいは，動物の「知能」や「学習能力」と呼ばれているものと，知能検査で測られるような「知能」とは本当に同じものでしょうか。両者は実はまったく異質なものではないでしょうか。知能検査で測られるような「知能」は，学校という特殊な社会的環境の中で測られ，形成される能力であることはしばしば指摘されてきたところです（サトウ，2006；下條，1988：7-8章）。

　感情に関しても，それが対人間的な態度である限り，社会のあり方と無関係であるはずがありません。

　たとえば，怒りとはある種の内的な興奮状態として存在するとは言えません。やる気に満ちた状態も，激しい喜びの状態も，身体的には怒りと似たような興奮状態になります。怒りとは内的感覚にとどまるものではなく，対象へのある種の態度や構えのことを意味しています（Cornelius, 1999）。足を踏まれて痛いから怒るのではなく，相手は気付いているのに詫びも釈明もせず，社会規範に反しているから怒るのです。そこには，不当だという社会規範的判断と，相手に対する非難の態度が含まれています。怒りは社会性を含んだ態度です。それゆえ，内的な興奮を伴わない静かな怒りが存在しても，何の不思議もないのです。

　集団行動をとる動物をとってみても，その社会構造が比較的単純ならば，嫉妬のような比較と平等の認知を必要とするような感情は生まれてこないかもしれません。複雑な社会を形成している類人猿や人間にはそうした感情が見出せます。ヴィトゲンシュタイン派の社会学者のクルターは，感情について次のような指摘をしています。「たとえば，悲嘆と無念の違い，失望と残念の違いはどこにあるのか。内的な感覚や気分の状態は，むしろ同じである。その違いは，社会的世界において応答し反応し評価するしかたの違いであ

り，状況の違いにほかならない」(Culter, 1994：191)。

あるいは，「感情」と私たちが呼んでいるものと，「動機づけ」との区別はそれほどはっきりしたものでしょうか。「動機」という言葉が生まれてきた哲学的概念の歴史的文脈を見ると，意外なことが分かります (Danziger, 2005 下巻：7 章)。つまり，感情 emotion と動機 motive は同じ情念 passion から分岐してきた概念なのです。

18 世紀になり市民社会と資本主義が発展してくると，B. マンドヴィルの『蜂の寓話』(1723) を代表例として，経済的な私益の追求を肯定的にとらえる思潮が生まれてきます。

個々人が自分の「情念」，すなわち，功名心や利己心といったかつてのキリスト教道徳では批判されていた感情を発揮することで，結局は，社会が発展し，国家に富がもたらされるというのです。この自由主義経済の基本発想が広まると，当時の道徳哲学者たちから反論が巻き起こりました。

公共の利益を生みだすのは，軽率な激情ではなく，合理性を携えた自己利益だという反論です。たとえば，アダム・スミスの師であった F・ハッチソン (F. Hutcheson：1694-1746) は，目的意識をもって富や権力を追求する静かな情念と，その場かぎりの激しい情念を区別して，マンドヴィルを批判しました。この区別が，ヒューム (Hume：1711-1776) による「動機 motive」と「感情 emotion」の区別へと受け継がれるのです。

このように，「情念」として括られていたさまざまな心理作用は，当時の経済や社会に関する思想を触媒として，「動機」と「感情」へと概念的に再配置されました。以降，情念はもはや基本的な心理的カテゴリーではなくなり，両者の混合物と見なされるようになります。そして現在でも，感情は衝動的で無益であるのに対し，動機は有益な行動のためのエンジンであるとされます。教育においても職場においても，いかに動機を高めるかが問われ，いかにして感情

を制御するかがテーマとなるのです。

　この歴的事実は,「動機」と「感情」の区別が,産業社会にとっての有益性という社会的・文化的・経済的なセッティングの中で生じたものであることを物語っています。

　記憶についても,現在の私たちが「記憶」と呼んでいる過去の正確な再現は,人間の自然な能力であるよりは,社会的に要請され,社会的に訓練されているような能力です。

　バートレットの古典的研究 (Bartlett, 1983) が示しているように,想起とは記銘された経験の単純な再現ではなく,むしろ過去の再構成の側面をもっています。実際に,私たちはしばしば間違った記憶をもち,事実とは異なった想起をします。ですが,「記憶」には,過去の事実との一致,すなわち,真実性が求められています。ということは,記録という社会的・文化的な行為が生まれたからこそ,そして記録においてはつねに真実性が要求されていたからこそ,その代替物として正確に記憶するという個人の能力が要求されるようになったのではないでしょうか。個人的能力としての記憶は,記録や記念という社会的な実践から派生したものではないでしょうか。

　構成員の数が小規模で,記録のような客観的な過去の保存が求められていない社会においては,個人に求められる記憶能力もまったく異なってくるはずです。入学試験や資格試験で要求されるような正確な暗記などはまったく不要でしょう。かつての神話や説話は人間の想起に頼って語られたはずですが,そこではいかにして最初の物語を忠実に再現するかが問題にされたのではなく,一定の教訓や知恵,あるいは世界観を語ることが目的となっていたはずです。心理学における記憶力の測定がしばしば正確性と真実性を基準にしており,その想起がいかに教訓に満ちているかなどは,そうした場合にはまるで問題にされないことに注意しましょう。

このように私たちの心理作用のきわめて多くが，社会的・文化的・歴史的な環境と文脈の中で生まれてきたのであり，その環境の中でこそはじめて意味をもち，機能するものなのです。

■ エコロジカル・セルフ

私たち人類は，自然が与えてくれた環境を改変し，人間的環境を構築してきました。そのことに対応して，私たちの心理作用も人間的環境（社会的・文化的環境）との循環的な相互作用によって形成されたものとして理解すべきです。

心理作用の中には自然環境への適応として進化論的に発達してきたものもあることでしょう。しかし他方，私たちの心理作用の多くはある特定の社会的・文化的セッティングの中で作られ，そうした人間的なセッティングの中でのみ可能となるのです。その意味で，心理作用は社会行為に近いのです。

このように考えるならば，私たちの心理作用を私たちが暮らしている環境から切りはなして語ることはおよそ不自然なことであり，不可能でさえあります。

たとえば，計算するという心理作用は，むしろ，紙やペンのような道具や計算機器，言語（数学）を含めたマン-マシン-社会システムの一部をなしているにすぎません。それはちょうど労働という行為が，個人の内側で成り立っているのではなく，他の同僚・顧客・取引先などの人々，企業組織・監督官庁・関連企業などの組織，市場や国家金融システムなどの広域システムによって成立しているのと同じです。

心理学で扱っている行動は，これらの広域システム行動（それらは政治学や経済学，社会学，そして哲学が研究対象として扱います）よりは，比較的に小さな環境における行動である場合が多いで

しょう。しかし、本質的な違いはありません。経済行為は、市場システム内ではじめて成立し、多かれ少なかれ市場に影響を及ぼすのですから、内面的なものであるはずがありません。あらゆる心理作用も同じことではないでしょうか。

むしろ私たちは、心理作用がもっと大きなシステムの中でどのような位置づけになっているかについて考えるべきでしょう。たとえば、何かを記録する方法はさまざまにあります。

たとえば、文章であれば紙に書くこと、パソコンに保存すること、レコーダーに声を録音することなどがそうです。その中で人間が暗唱することの意義は何でしょうか。暗唱は、レコーダーやパソコンがなく、紙が高価だった時代には経済的であったでしょう。あるいは、大量の記録物を持ち歩くのは、嵩張って、重くて不便かもしれません。またその逆に、あらゆるものを暗唱しておく必要性がないことも明らかです。このように、記憶行為を、より広範な社会行為のひとつのヴァージョンとしてとらえることができます。

（郵便物の）投函という行為は、郵便システムがあってはじめて可能になりますし、購買という行為は貨幣システムがあってはじめて成立します。ギブソンは、郵便ポストは投函をアフォードすると言います。「実際の郵便ポストが（これだけが）、郵便制度のある地域では手紙を書いた人間に、手紙を郵送することをアフォードする。郵便ポストのアフォーダンスの知覚は、郵便ポストがもちうるそのときどきの特殊な誘引力と混同されるべきではない」（生態：152）。

これは郵便ポストが郵便システムの一部をなしていて、そのシステムが起動している地域では「手紙を入れる→手紙が運ばれる」という出来事を生じるからです。因果システムは自然的でもあることもあれば、自然的な要素と人工的・社会的要素が組み合わさっていることもあります。

社会行為と同様に，心理作用もそれを可能にする環境側の特性であるアフォーダンスを必要とします。環境のアフォーダンスがなければ，それに対応した心理作用も存在しえませんし，アフォーダンスを知覚できなければ，行動することができません。

認識するといった心理作用も，現代社会の文脈においてみれば，個人の内的な能力に還元できないことが，たちどころに分かります。

現代の科学的認識にとって，実験器具や装置を用いた工学的なセッティングは本質をなしています。科学的認識の真の主体は，実験装置と科学者の肉体が接続したマン－マシーン・システムと言うべきであり，私たち人間個人はそのシステムの一部を担っているにすぎません。たとえば，ハッチンス（Hutchins, 1992：21-35）が示しているように，大型船舶の航路や位置の認知には，指方規やスオッチスタンダー，航海尺などの専門の器具や装置が用いられ，複数の人間のチームワークによって進行します。こうした認識行為は，とても個人の心理作用に還元できません。

したがって，経済行為が，市場というニッチを必要としているように，私たちの心理作用も，それを成立させる特定の環境（ニッチ）の中ではじめて成立します。それゆえ，自己と環境とはカップリングしていて明確な境界をもたないのです。ちょうど金融行為が，内と外がはっきりとした境界の中で行われているわけではないのと同じようにです。心理作用を一つのシステムとして考えたならば，それは，人間個体の内側にではなく，環境に拡がって存在しています。私たちの自己は，皮膚の内側にとどめることはできません。

■ 自己と所有物

ウィリアム・ジェームズ（James, 1992, 1993）は，人が「我 me」と呼ぶものと，「我がもの mine」と呼ぶものとを区別することは困

難だと指摘しています。

　私たちは，自分の名声や，子ども，作品には，自分の身体と同じような親愛の情を感じ，これに対する攻撃には自分のことのように反応します。しかし他方で，同じ対象が「我」であったり，「我がもの」であったり，まったく関係のないものであったり，と境界が揺れ動くのが実際です。身体はときに「我」そのものであり，ときに「我」が所有する物であるかのようです。

　ジェームズは，認識する自己を「主我 I」と呼び，認識の対象となる自己を「客我 Me」と呼んでいますが，客我と所有について次のように述べています。「人の客我とは，考え得る最広義においては，人が我がものと呼び得るすべてのものの総和である。すなわち，単にその身体や心的能力のみでなく，彼の衣服も家も，彼の妻も子どもも，彼の祖先も友人も，彼の名声も仕事も，彼の土地も馬も，ヨットも銀行の通帳もすべてそうである」(James, 1992：246)。

　自分の所有物が大きくなり繁栄したりすれば，本人は得意になり，逆に小さくなり減弱すれば落胆します。ジェームズによれば，主我はこの客我との関係性によって自分の同一性を保っていると言います。これらの所有物とは，私たちにとって巣のようなものであり，自分で作り出し，あるいは集めたニッチであると言えないでしょうか。

　エコロジカル・アプローチから見たときには，人間個体とは環境と別に語ることのできる精神でもなければ，いかなる環境にあっても一定の行動傾向を示す存在でもありません。パーソナリティ理論に見られがちな本質主義的・内在主義的な想定は，その人物がいかなる環境で活動しているかを無視しがちです。そもそも，ある人間があらゆる環境において通状況的に一貫性を示すことを確かめた研究者などいないのですから，人間個体はそれを取り囲んでいる環境との相関でとらえることが方法論的にも正しいのです（渡邉・佐藤，

1994；サトウ・渡邊, 2005)。

　エコロジカルな視点からは，その人の周囲の環境にどのようなアフォーダンスが存在しているか，本人がそれらに気づいているかどうかを問題とします。所有物とは，自分の手元にあって，つねに利用可能となっているアフォーダンスを有している存在です。それらの慣れ親しんだアフォーダンスは，私たちに安定した生活様式を保障してくれます。私たちが安定して自己を保っているのは，すなわち，アイデンティティを得ているのは，私たちが自分の馴染んだニッチを維持しえているからです。それゆえ，私たちは，自分の所有物を，そして自分が安定して振る舞えるニッチを自己自身のように感じるのです。

■ ニッチと自己：淡い主体，鮮やかな主体

　ただし，ここで強調すべきは，ニッチは受身的に与えられたり，単に選択されたりするだけのものではなく，人間が自分自身で作成してゆくものだという点です。

　エコ心理療法を提唱しているユルク・ヴィリィは，生態学の観点を心理療法に取り入れています（Willi, 2006）。人は絶えず周囲に働きかけ，そこから応答をもらうことによって，自分が周囲にどのような影響を与えているかを知ります。そのことを通じて，人間は自分の周囲世界，自分の居場所を形作っていきます。いかに内向的に見える人であっても，その人はその人なりの関係をもつべく努力しています。周囲に働きかけ，そこからの応答によって関係を作り，自分の世界を作り上げていく過程をヴィリィは「相互応答効果」と名づけます。この過程によって，私たちは自分なりの関係をもつ場，自分の居場所であるニッチを作ります。ヴィリィによれば，ニッチは関係生態学的な心理療法の中心概念です（前掲書：

34-35)。

 あるいは，運動障害を抱える子どもたちの中には，平均的な子どもが用いている表現手段をうまく使用できない子がいます。たとえば，私の知っているA君は，脳性マヒに起因する運動障害をもち，構音に問題をもつとともに，自分ひとりでは鉛筆を握って字を書くことも困難です。しかしA君は，腕の動きを支援されたり，筋肉の過度な緊張をほぐされたり，親や先生たちの介助があれば字を書くことができます。A君はA君なりに環境に働きかけ，親や教員の介助を伴ったニッチの中でなら，書字が可能なのです。

 たしかに，A君が示すような主体性は，一般の社会において求められているよりも強さに欠けているかもしれません。まだA君は単独では書字も発話もできません。現在の私たちの社会では，学校のテストや入試は誰の手助けもなく答案を書くこと，書類への記入やサインは自分ひとりで行うことを求めています。しかしA君には主体性がないのではありません。ヴィリィも認めているように，各人には各人に個別のニッチが必要です。私は以前の著作（河野，2005）で，A君が示すような主体性を「淡い主体性」と呼びました。

 A君の活動が可能になるには，彼独自のニッチが必要です。「淡い」という言葉によって私は，特定のニッチへの依存度が高い主体性を意味しています。その反対の「鮮やかな主体」とは，周囲の環境から比較的独立で，ニッチの変化に対応することが得意な主体性を指しています。近代社会は，ひとりの人間に対して，どのような環境においても自立的な主体であること，すなわち，鮮やかな主体であることを要求しています。

 しかしながらエコロジカル・アプローチの観点からは，完全に鮮やかな主体などありえません。私たちは誰であれ，多かれ少なかれ，A君のような淡い主体の状態にあるのです。A君と健常者との差異はあくまで量的なものにすぎません。健常者も，自分を取り囲

む環境が激しく変化したときに自分が淡い主体であったことに気づくのです。

ギブソンの社会心理学：規範性の問題

私たちは社会的な動物であり、ニッチの中の要素として、何よりも他者の存在は欠かせません。ギブソンによれば、動物にとって、他の動物はきわめて重要な位置を占めています。

「動物や人は普通の対象とは非常に違うので、乳幼児は動物や人を植物や生命のない事物と区別することをすぐに覚えてしまう」（生態：149-147）のです。さらに、ギブソンは次のように述べます。「他人がアフォードするものは、人間にとってあらゆる種類の社会的意味を包含している。我々は、他人の存在や他人がまねく、おどす、行うことを特定する光学的かつ音響的情報に対して最も深い注意を払うのである」（生態：138）。

動物と無活動の対象（静物）の重大な相違は、人間も含めて動物どうしは相互作用しうることにあります。私たちは、他人や他の動物のアフォーダンスを知覚し行動しますが、こちらもそれらの人間や動物に対して一定のアフォーダンスを与え、行動の機会を与えています。

他人の行動は、私たちにある種の行動をアフォードし、人間の相互行為は相互参照的に発展します。「他の動物は、とりわけ、性、捕食、育児、闘争、遊び、協力、コミュニケーションに関する相互作用の豊富で複雑なセットをアフォードする。他人がアフォードするものは、人間にとってあらゆる種類の社会的意味を包含している」（生態：138）。

性的行動、養育行動、闘争行動、協働行動、経済行動、政治行動などのさまざまな行為は、アフォーダンスの精緻化として考えるこ

とができます（生態：147）。生態学的立場にとっては，言語もこうした人間どうしのアフォーダンスの精緻化の一つの現われです。言語とは，概念や内的表象ではなく（私の考えでは，概念や内的表象などはそもそも存在しません。ある言葉の別の言葉による言い換えが存在するだけです），身ぶりの延長としての表現行為に他なりません。言語とはコード化されたジェスチャーです。

しかしながらギブソンは，『生態学的視覚論』の中では，人間の社会行動についてこれ以上の言及をしていません。ただしギブソンは，初期の頃にいくつか社会心理学に関わる論文を書いています（Reed, 2006：3章，6章）。その中に「学習理論の社会心理学への含意」（Gibson, 1950）というたいへん興味深い論文があります。

その論文でギブソンは次のような問題意識から議論をはじめます。当時の実験を基礎にした行動理論，たとえば，ハル，ソーンダイク，トールマン，スキナーなどの行動理論では，社会学習はうまく扱うことができないとギブソンは批判します。

なぜなら，人間の成人においては，道徳的行動が驚くほど優勢であり，行動理論が前提とする欲求充足ではそれらの行動を説明できないからです。人間の成人は，しばしば欲求充足に反した行動をとります。空腹でも食料を盗んだりしないし，眠いときに寝るわけではなく，暑くてもすぐに裸になったりしません。つまり行動に規範性があるのです。

規範的行動は，生物学的衝動の満足という観点だけからでは説明できません。また，強化学習の実験が孤立した単体の動物でなされていることも，行動主義が抱える問題点です。規範的行動はすぐれて社会的行動です。社会心理学は，物理的環境によって誘発された行動と社会訓練によって誘発された行動を区別すべきなのです。

成人の規範的（迂回的・抑制的）な行動は社会訓練によって獲得され，それは直接に満足をもとめる行動とは異なる形で習得されま

す。社会学習は必然的に道徳的な要素をもっている以上，規範性に言及しない行動理論は誤っています。規範的に正しい学習は，親や教師の是認や否認によって規定されます。ここから分かるように，社会学習は対人関係を本質としています。社会学習が，自分の欲求充足を直接に求めるタイプの行動の学習と違う点はここにあります。

そこで，ギブソンは，社会心理学は以下の点を考慮しなければならないと指摘します。

まず学習とは，生体の機能だということです。ゴードン・オールポートは，学習するのは生体（動物）ではなく自己意識をもった人格だと主張しました。ですが，こうした考えは，意識と身体（生体）を峻別する二元論に陥る危険があります。たしかに，社会行動は欲求充足にあるのですが，しかし，その充足は，対人関係的な欲求の充足を目指しています。

さらにギブソンは，社会心理学者は，人間の不変の本性など仮定するべきではないと主張します。人間には人生を通じて不変の動機や本能などありません。また初期の行動主義が想定していたように，最初の固定した行動の上に，学習された行動が単純に積み重なると考えるのも間違いです。ギブソンは，反射学説に基づく古典的な行動主義にも反対しましたが，個人の行動の核をもとめる本質主義的なパーソナリティ論にも大変に批判的です。

またギブソンは，オールポートの人格心理学は大人のパーソナリティばかりを扱っている点にも問題があると指摘します。そこでは，自我の欲求が行動を決定する第一要因と考えられているのですが，社会学習こそが自我を構成する行動や興味を説明するはずです。社会性のない自我の欲求からスタートするオールポートの説明は転倒しています。社会学習と人格の成熟の過程は分離できません。「自我などというものは，実際には，その名前以外にほとんど共通性のない無数の多様な経験のことなのだ」（Gibson, 1950：

162）。

　以上のように，ギブソンは，社会学習の本質は，道徳性あるいは規範性の習得にあると考えます。しかし道徳性の発達を，学習理論で説明するには矛盾があります。なぜなら，学習理論は根本的に快楽主義の立場，すなわち，欲求充足が行動を強化するという立場をとっているからです。しかし道徳的行動は，利他的で，ときに自己犠牲的です。単純に快楽原則に従っているようには思えません。そこで，ギブソンは社会学習の過程に段階を想定し，快楽主義と道徳的行動のギャップを埋めようとします。

　人間も動物である以上，学習は欲求充足による強化によります。そして子どもは，ときに直接には欲求充足に結びつかない規範的に正しい迂遠な振る舞いを，懲罰と報酬によって獲得してゆきます。次いで，子どもは正しい行動をして報酬を得たり，悪い行動の後には懲罰を求めたりするようになります。いわゆる，強化の内在化です。そして，子どもは，フロイトの言う自己同一化によって，とくに親が満足するような行動を取るようになります。同一化とは，精神分析的に言えば，対象の姿を自分のうちに取り入れ，対象が感じ，考え，行為しているのと同じように自分が感じ，考え，行為することです。それはある種の共感的態度です。

　身近な人の範囲を超えて，他人の欲求充足（すなわち，利他的行動）が取れるようになると，道徳的・倫理的行動が成立したと言えるでしょう。かつての哲学では，こうした利他的な行動の基盤は普遍的な理性にあると考えてきました。特定の行動が普遍化するに値するかどうかを理性的に判断することに道徳の根源があるというのです。

　しかしギブソンは，同一化は理性的なものが発現する前に生じており，道徳の基礎も理性以前にあると主張します。たしかに，規範性は，動物的行動と比較して人間的行動を特徴づけるものでしょ

う。しかし、その規範性は、人間に固有の理性によって獲得されるのではなく、その行動を取ったときに大人が喜ぶという、その大人と自己とを同一化する能力にこそあるのです。規範性は、単なる習慣行動の獲得ではなく、他人との同一化、すなわち、私たちの言葉を使えば共感能力を基礎にしています。人間が動物より優れている点は、理性というよりも、強力な共感能力にあるのです（共感の重視は、アリストテレスの考え方でもありました）。

■ 共感する自己の含意するもの

　以上のギブソンの理論は、一見すると、ある種の倫理学の定説に沿ったものに思われるかもしれません。たしかに、人間行動の特徴を規範性に求め、その規範性の起源を共感に求めることは、18世紀イギリスのハッチソン、ヒューム、スミスなどの道徳感情論に典型的に示された発想です。

　しかし、これを、哲学・倫理学ではなく心理学のパーソナリティ理論としてとらえ直したときには、かなり興味深い帰結が得られます。というのも、パーソナリティ理論は、あるいは、もしかすると心理学は、一般的に、共感という独特の現象をうまく扱えていないかもしれないからです。

　もちろん、共感はありふれた現象ですし、発達心理学や臨床心理学ではお馴染みのテーマです。他人の理解や模倣による学習など、人間の社会性の根底には共感が存するというのは、ある心理学の分野では当たり前の事実でしょう。また認知的研究によれば、共感は、根源的には共鳴動作やバイオロジカル・モーションの知覚などの身体に根ざしていることも指摘されています。しかし共感している私とは、どのような自己であり、存在なのでしょうか。これについての心理学的な議論はあまり見られません。

共感する人間は，自分であると同時に，他者でもあるような存在です。共感的な状態にある人間は，他者を参照して行動し，他者を取り巻いている環境によって自分の行動を動機づけ，他者のために行動する存在です。そこには，暗黙のうちに心理学が仮定している，内在的な機構に従って行動する個人主義的な自己とは異なった自己のあり方が見出されます。

　共感する人間の特徴については，近年，興隆してきたケア倫理学において興味深い議論がなされています。ケア（care）とは，①看護・養護・介護，②世話・介助，③配慮・気づかい・関心，といった意味をもちます。ケア倫理の先駆者のメイヤロフによれば「一人の人格をケアすることは，最も深い意味で，その人が成長すること，自己実現することをたすけること」であると言います（Mayeroff, 1987：13）。

　ケアすることは，治療行為（キュア）とは異なり，特定の人への共感的なコミットメント（応答・献身・受容）が含まれています。メイヤロフによれば，共感的な態度とは，「ある人の世界がその人にとってどのようなものであるのか」「その人は自分自身をどのような見方をしているのか」「その人は何になろうと努力しているのか」などを，その人の目でもって見ることにあります。ただしケアをすることは，その人の世界への反応とまったく同じ反応をすることではありません。そうであれば，看護師は患者にならなければなりません。同じことを経験しつつある他者だからこそ，ケアする人は当人を援助できるのです。ケアするものとケアされるものとは，同じものに関わっている分離した人格なのだと，メイヤロフは指摘します。

　メイヤロフの発想を受け継ぎ，フェミニズム的な主張を展開しているキャロル・ギリガン（Carroll Gilligan）やネル・ノディングズ（Nel Noddings）は従来の心理学が男性中心主義的であるとして批

判しています（Gilligan, 1982；Noddings, 1997）。

　ここでは，彼女たちの議論の詳細には立ち入りませんが，彼女たちは，心理学では暗黙のうちに原子論的還元主義の観点から個人を想定している点を批判しています。つまり，「個々の人間は原子のように相互に独立で，相互の関係性に影響されない不変の本質を有している。そしてその本質によって運動する」という想定です。

　最初にオールポートの理論でみたように，従来のパーソナリティ心理学の理論の多くは，人格としてこうした原子論的な個人を想定してきました。これに対して，共感とはある意味で他人の「憑依」（あるいは他人への「憑依」）だと言えるでしょう。とするならば，共感している自己とは，リボー的に言えば人格の疾患の状態にあるとも言えるのであり，そうした自己は，同一性を保持し続けるという意味でのパーソナリティの概念そのものに反しているかもしれないのです。共感する自己は，これまでのパーソナリティ理論では扱いづらいのです。

　ウィリアム・ジェームズは，交代する自我（転換性人格）に言及したときに，個人は複数の社会的自己をもっていると論じています（James, 1993：12章）。しかしその後のアメリカのパーソナリティ心理学は，ジェームズが示唆したこの方向性を検討することはありませんでした。オールポートを嚆矢とするパーソナリティ心理学の流れでは，人格の統一性と一貫性は達成すべき規範的状態というよりも，心理的な事実と見なされています（人格の交代を病的現象と見なしたことが，このオールポート的な方向性を示唆していたとも言えます）。ギブソンが「オールポートは大人の人格ばかりを扱う」と言って批判したのは，人格の統一性が事実視されているからです。ここには，規範（「コレコレであるべきだ」）と事実（「実際にコレコレだ」）の混同があります。

　パーソナリティ理論は，一見すると没価値的に人格を研究してい

るかのように思われます。しかし実際は、きわめて政治的・社会学的な含意をもっていないでしょうか。オールポートには、どこかに本質主義的な発想がありました。カール・ロジャースが言う「真の自己」も、社会的生活における自己の移ろいやすさに対抗するものです。その自己には、社会状況に左右されない統一性、一貫性、全体性が求められています。

アメリカの主だったパーソナリティ心理学は、社会と人間関係から切り離しうる個人を想定しています。しかしながら、ニコラス・ローズ（Rose, 1989；1996）は、こうした心理学の想定する原子論的な自己に政治的なバイアスを嗅ぎとります。

その個人主義的前提にしたがえば、諸個人間の社会的相互作用は、最終的に精神内部の出来事から説明できるのであり、個人とその相互の反応の総和だけが実在することになります。心理学とはそれらの諸個人の状態を研究する科学だというのです。すると、社会心理学は個人心理学の一部にすぎなくなります。社会制度にある種の実在性を認めるのは、危険な集団主義的幻想に身を任せることだというのです。

ローズによれば、原子論的にとらえられた人格や個人は、規律訓練型社会の権力動向、すなわち、人間を個人へと分断しながら同時に国家の下に自発的に服従させてゆく権力動向の産物です。心理学はこの政治的な傾向性を無批判に自己の基盤にしていると厳しく批判します。ここでは、ローズの興味深い議論をこれ以上追うことはしませんが、共感的な自己のあり方が、心理学のメインストリームが想定している自己像とマッチしないことは指摘されるべきです。そして、それゆえに、ギブソンが指摘するように、心理学は規範的行動をうまく扱えていないのではないでしょうか。

次章では、共感作用をコアにしたエコロジカルな自己のアイデンティティ論を見てゆくことにします。

第3章
対人関係としての記憶

◾️ アイデンティティの問い

　本章では，パーソナリティのアイデンティティ（人格同一性）と記憶の関係について，ギブソンと生態学的心理学者のエドワード・リードと松島恵介の記憶論をもとにして考察します。ですが，それ以前に，人格同一性がなぜ心理学の問題になるのか考えてみましょう。

　これまで述べてきたように，パーソナリティという概念には「不変の，同一性をもった自己」という意味が含まれています。しかし，この自己の同一性（アイデンティティ）とは，よく考えてみれば曖昧な概念です。というのも，ここで問題とされているのが，どのような種類のアイデンティティなのか，よく分からないからです。

　そもそも，なぜ，誰が，アイデンティティを問題にするのでしょうか。理論心理学はこの点に重大な関心が寄せてきました。(Baumeister, 1987 ; Fisher, 1995 ; Rose, 1989 ; 1996)。私たちもまず，パーソンのアイデンティティとは何かについて考えてみましょう。

　まず明らかなことは，私たちは社会的には確実にアイデンティファイされていることです。皆さんの誰もがどこかの地域に住民登録をされているでしょうし，運転免許やパスポートをお持ちのはずです。これらのアイデンティティは国家によって強制されているも

のでもあります。しかし現代の心理学で同一性が論じられる場合には、こうした社会的個体識別が問題になっているのではなく、本人にとっての心理的な同一性が問われています。

それでは、心理学では、どういった種類の自己のアイデンティティ感が研究対象となっているのでしょうか。二つあるように思われます。一つは、通時的な自己同一性の感覚、すなわち、どのようにして現在の私が過去の私と同じ人物であると感じられているのか、という問題です。

もう一つは集団帰属感の問題です。いま述べたように私たちは国家権力によってほぼ強制的にアイデンティファイされていますが、そのこととは別に、どこかの集団に帰属したいという願望をもっています。集団への帰属感を得た人は、アイデンティティを得たということになります。

一見すると、この二つのアイデンティティは独立した問題に思われますが、実は代替的にとらえられているのではないでしょうか。つまり、通時的な同一性が確保された人は個人として確立されており、それほど集団帰属を求めない個人主義的なパーソナリティであるのに対して、集団に所属していなければ不安に感じる人は、自我が確立していないのだといったようにです。現代社会では、通時的な自己の確立が社会的に推奨されています。

このようにパーソンとしての通時的な同一性をもつことは、事実としての問題である以前に現代社会で個人に要請されているものです。実際、先に述べたように、パーソンという概念は、近代社会においては法的・政治的・倫理的な文脈から導入されました。パーソン（人格）という概念を近代哲学に導入し、その中心的なテーマとしたのは、ジョン・ロックです（以降、哲学的な概念としての「パーソン」は「人格」と訳すことにします）。ロックが人格を問題としたのは、後の心理学とは異なり、明示的に法的あるいは道徳的

な帰責（責任帰属）の文脈からでした。

ロックの人格の同一性

　ある行為の責任をとることができるのは，まさにその行為を行った当人でしょう。人格の同一性は，現代社会の賞罰，財産，道徳的責任などの根底を支えるものです。私たちは，誠実な人物を指して「人格者」といった表現を使いますが，この意味での人格には道徳性を支える一貫性ある，統合的な自己といった含意があります。integrity という英語は，「統合性」であるとともに「誠実さ」を意味することはご存じのとおりです。ロックは『人間知性論』の第2版で，わざわざ，第27章「同一性と差異性について」を付け加えて，自己の同一性について次のように論じています。

　まずロックは，「人間 man」の同一性と「人格 person」の同一性をはっきり区別します。人間の同一性は，樹木と動物などの生物の同一性と同じものです。この意味での同一性は，「たえず変わってゆく物質分子が同じ体制の身体へ継続的に命あるように合一して，同じ連続的生活を共にする点」（Locke, 1980：124-125）にあるとされます。これは有機体の同一性，あるいは，身体の同一性と言ってよいでしょう。

　しかし人間の真の同一性は，これとは違うところにあります。ロックは，人格を「理知と内省とを持ち，自分自身を自分自身と考えられる，思考する英知的な存在者，時間と場所を異にしても同じである思考する事物である」（前掲書：125）と定義します。自己を自己と認める働きは意識のみに認められます。ロックによれば，人格とは自己意識をもった自我の別名なのです。

　この部分だけ読めば，ロックの言う人格とは，デカルト的な自己意識（コギト）と同じに思えます。たしかに，ロックはデカルト的

な霊魂と身体の二元論を受け入れています。しかし同一性に関しては，デカルト的な精神実体論（精神が身体から独立にそのものとして存続できるという説）をもち出さずに，記憶によって確保されるものと考えます。ロックは，「この人格性は，ただ意識によってだけ，現在の存在を超えて過去のものにまで拡大される」のであり，意識だけが過去と現在に「かけ離れた存在を同じ人格へと合一できる」と述べています（同上）。

ロックにとっての人格の同一性は，デカルト的な霊魂の実体的な同一性ではなく，記憶（想起）による意識の再認に求められます。こうして人格同一性の根拠は，記憶に求められ，身体的な連続性や第三者からの報告を同一性の直接の構成要素とする考えは退けられます。先に私たちは，リボーやジャネが人格の疾患として扱った患者には記憶の障害があることを見ました。パーソナリティと記憶を結びつける伝統は，ロックにはじまったわけです。

以後の哲学では，人格の同一性を，身体（人間説）と記憶のどちらかに求めてきました。身体説と記憶説は対立して，現在に至るまでさまざまな論争がなされてきました（Shoemaker, 1989；Shoemaker & Swinburne, 1986；Parfit, 1998）。

身体説の主張は明確で説得力がありますが，問題もあります。もしも以前の記憶（エピソード記憶）をすべて失ってしまうような事態が起きたとするならば，当人にとって現在の私は，以前の私と同一だとは言えなくなるように思われるからです。

もちろん，私の家族や友人はコウノテツヤは生きており，記憶を失っただけだと言ってくれるでしょう。しかし身体は変わらなくても，記憶が一切なくなって，もはや回復できなくなってしまえば，私にとって私はもはや何者でもなく，もう以前の私は死んでしまったようなものではないでしょうか。私が記憶を完全に失ったら，それは私にとっては，突然に中年男の姿で誕生したようなものであっ

て，ただ周りの人たちが「コウノ」と呼んでいるだけなのです。

　リボーやジャネにとっても人格の疾患とは，記憶に問題が生じることで人格が統合性を失うことでした。リボーによれば自己アイデンティティにとって，記憶は本質的です。興味深いことに，ロックも「靴職人の身体に王子の魂が入り込んだり」，「二つの別々で互いに意思疎通しない意識が同じ身体を動かして，一方はつねに昼間に動かし，他方は夜間に動かしている」といった人格の交代や夢中遊行（夢遊病）を思わせる仮定を「同一性と差異性について」の中で行っています。これは，リボーなど19世紀の心理学者の関心の先取りと言えるでしょう。

▪ 記憶説の問題点

　しかし科学哲学者のイアン・ハッキングによれば，パーソンと記憶とを強く結びつけるのは先進工業世界に特有の概念化の方法にすぎないと言います。「多重人格は西洋に独特のもの，つまり先進工業世界に特有のものであり，これらの地域に限って，しかもわずか過去数十年の間に限って診断されたものである。しかし，これはもっと普遍的なものが，地域的な現れ方をしただけなのかもしれない。その普遍的なものとは，トランスである。ほぼすべての社会で，人々はトランス状態に入る」(Hacking, 1998：177)。

　憑依やトランスが人格の疾患と呼ばれるようになったということは，憑依のような心理的な変容はもはや私たちの社会では許容されなくなった，社会的な位置づけをもたずに病理として排除されるようになったことを意味しています。近代社会では，私たちは一瞬たりとも自分以外の存在であることは許されなくなったのです。そして，この点は，先に論じた共感の問題と符合しているように思われます。共感は憑依のような現象だからです。

ところで,自己のアイデンティティを記憶に求める立場に難点は存在しないのでしょうか。問題点は明らかです。第一に,意識は連続していないことです。睡眠や失神など意識を失った状態には記憶はなく,その間の記憶は途切れています(催眠やヒステリーでは記憶と意識が不連続になります)。したがって,私たちの想起する記憶は,人格同一性を保証しないのです。

また,私たちの心理内容は徐々に変化しています。5歳のときの私と20歳のときの私には何らかの記憶の連続性があるかもしれません。20歳と35歳の間にも連続性があるでしょう。しかし,5歳と35歳の私の間には何の連続性もないかもしれません。こうした場合には,意識や記憶の連続性は成り立たなくなってしまいます。行動傾向についても同様のことが言えます。「三つ子の魂は百まで」続くとは限りません。

もう一つ,比較的最近に,パーフィット(前掲書)やバーナード・ウィリアムズ(Williams, 1973)によって提起された反論があります。やや SF 的な想定になりますが,意識や記憶内容が,他の身体に複製できたとしたらどうでしょうか。この場合には,内容的な属性では識別できない同一の人格が,複数の身体に実現することになります。心理的な同一性は,その内容に識別を頼っていますので,心理的な内容が質的に同一の場合には二人の人物の区別ができなくなってしまいます。これに対して,身体は,その心の内容が質的に同一であろうと,数的に人物を区別することができます。人格の同一性は身体的な識別なしには確保できそうにありません。

しかしロックが問題としていたのは,自己が連続しているかどうか,連続した記憶があるかどうか,そのことではなく,ある行為を自分が為したものとして自己帰属できるかどうかについてです。ロックの同一性の問いは,あくまで法的・道徳的なものです。

明らかに私たちの意識は連続していませんし,自分の記憶もまだ

らのように隙間があいています。しかも，自分の記憶の真実性（記憶していることが，現実に起こったか出来事であるかどうか）は，自分自身によっては保証できません。記憶とは意味的には真実であることを含意しています。実際には起きていない出来事の「記憶」は，記憶とは呼ばれず，「想像」と呼ばれることでしょう。私の記憶がさまざまな要因から真実とは異なってしまうことは，記憶の心理学が示している通りです。私が想起できることが（真実の）記憶であるかどうかを確かめるには，客観的な証拠——たとえば，他の人たちの証言の一致，記録や痕跡などの物理的な証拠品——が求められます。したがって，ある過去の行為が，本当に私が為したことなのかどうかの責任帰属は，実は私だけではできないのです。

むしろロックの問題とは，たとえば，裁判のような場合において，私がある行為を為したことが第三者によってすでに客観的に確定されていて，私がそのことを認めるか否かという問いなのです。ロックの同一性の記憶説では，罪を犯したかどうかではなく，その自覚があるかどうか，責任を負う意図があるかどうかが問題にされているのです。面白いことに，ゴードン・オールポート（Allport, 1972：204-208）も，人格の正常性の一つの基準を「罪とその償いの意志」に求めています（もう一つの基準は，「成長と社会的連帯のバランス」です）。

■ 記憶を語る文脈

以上のように，哲学における人格の同一性とは，行為の自己帰属の感覚をもつかどうかにかかっており，それが問われているのは法的・道徳的文脈です。ところで，ある行為が自分の過去に行った行為であると認知できるのは，いかなる心理的な機制によってでしょうか。そこで，ギブソンとリードの生態学的立場から，この点を考

察してゆきましょう。

心理学では記憶を一般的な形で論じようとしますが,エコロジカル・アプローチでは,まず記憶においてどのような働きが問題になっているのかを分析するところからはじめます。記憶して,想起することは,さまざまな文脈でなされます。

たとえば,記憶といったときに,過去の実際の出来事の正確な想起が問題とされている場合があります。それは先に述べたように,社会的な記録から派生したものと考えられます。したがって,エコロジカル・アプローチではこうしたタイプの想起を,記録のための道具(筆記道具・録画・録音機器など)を用いずに,かつ他人との共同記憶を用いない,暗記による再現という特殊な方法として位置づけます。こうしたタイプの想起は,出来事の正確な記録が問題とされるような,試験などの準備,記録する時間がない犯罪の目撃などといった文脈で問題とされるでしょう。

しかし「記憶とは過去の正確な経験を記憶するのだ」という立場をとった場合には,それに対する根源的な問いとして,「正確」な事実とは何かという問題があります。記録された歴史記述に関してさえ,歴史的出来事の「正確な記録」とは何なのかが問われています。ひとつの出来事は無数の観点から記述可能です。どのような観点から,どのような形で記述されたならば,それが「正確」と呼ばれるのでしょうか。「正確に同じ」出来事とは何のことを指すのでしょうか。被害者にとっての交通事故と加害者にとっての交通事故は同じ出来事なのでしょうか。

ガーゲン(Gergen, 2004a ; 2004b)のようなポストモダンな立場をとる人たちにとっては,過去の出来事に唯一正しく合致する解釈などもともとあり得ないのですから,それを正確に再現する記憶などあるはずもないことになります。心理学は,歴史学や社会学では中心的なテーマとなっているこうした問題をあまり顧みなかったの

ではないでしょうか。

あるいは，想起は記念という社会的な文脈ではどのような意味づけになるのでしょう。アーリック・ナイサーは，バートレットと同じく，記憶とは保存されていた過去の単純な再生ではなく，過去の再構成であると主張します。また同時に，ナイサーは，記憶のもっとも根源的で本質的な機能とは，個人的に経験した過去の再現ではなく，家族や友人と社会的関係性を創造し，それを維持することにあると言います。想起とは，人々と共同の過去を物語り，それによって社会的きずなを構築するという記念の働きをするものなのです（Neisser, 1988）。

こうした社会的役割を担った記憶については，エコロジカル・アプローチでは，道具や物を使わない記念行為，あるいは，コミュニケーション行為の一種としてとらえることができます。逆に言えば，想起とは記念という社会行為の特殊事例にすぎないことになります。本書では詳しく論じられませんが，記憶に対してエコロジカル・アプローチをとる研究者からは，「集合想起」「組織化した忘却」「共同体の記憶」「会話の中の想起」など，これまでになかった記憶を語る用語が提出されています（佐々木，1996；Wertsh, 2002b；Middleton & Edwards, 1990）。

さて，それでは人格の同一性という文脈で問われる記憶は，どのような機能をもっているのでしょうか。そうした記憶はエピソード記憶と呼ばれているのですから，ここではエピソード記憶のステイタスを問いなおさなければなりません。

■ 意味記憶と手続き記憶はディスポジションである

心理学では記憶は，「過去に経験したことを，保持し，必要に応じて思い出すこと」（『誠信 心理学辞典』）と定義されています。経

験のうちのあるものが「記銘 memorization, registering」され，それが脳内に「保持 retention, maintenance」され，それが「想起 remembering, retrieval」されるというのです。情報理論では，それぞれ「符号化」「貯蔵」「検索」と言い換えられることもあります（しかし記銘される内容は，知覚される内容と同じなのでしょうか，違うのでしょうか）。

心理学の教科書（山鳥, 2002）によれば，記憶は内容に関しては以下のように分類されています。

記憶は，その保持時間によって短期記憶（数十秒程度までの当座の記憶とされています）と長期記憶に分けられます。近年では，長期記憶と短期記憶の分類に当てはまらない記憶として作業記憶（ワーキングメモリ）があげられますが（作業記憶は短期記憶の一部だとする意見，短期記憶はすべて作業記憶だとする意見など，専門家の間でも見解が統一されていません。もちろん，そもそもそうした記憶の分類そのものに疑いをかけることができます），本論の主題からははずれますので，ここでは論じません。

長期記憶は，陳述記憶と非陳述記憶に分かれます。陳述記憶とは言語で表現できる記憶のこととされており，他方の非陳述記憶は言語で表現できない記憶です。手続き記憶は，陳述としては再生されないが，行動として再生される身体知であり，運動習慣のことです。自転車に乗る，バットでボールを打つ，ピアノを弾くなどがその例です。

プライミングとは，連想喚起とも呼ばれ，先行する事柄（刺激）が後続する事柄（刺激）に影響を与える無意識的効果のことで，刺激は言葉や絵，音などであり得ます。しかし，この意味での記憶も本論の主題にあまり関係しません。

興味深いことに，心理学ではまず，言語的に表現可能かどうかで記憶を分類するようです。しかし，こうした言語を中心とした分類

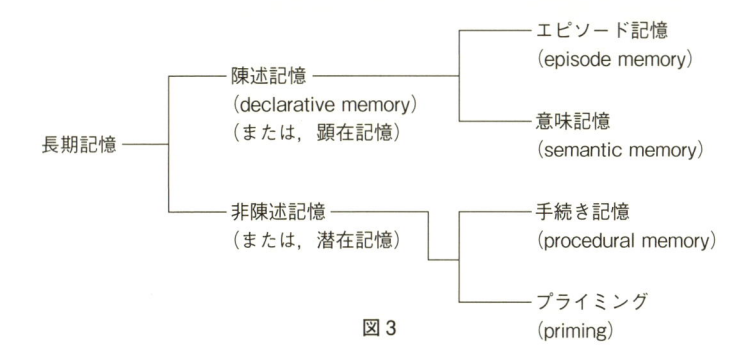

意味記憶と手続き記憶はディスポジションである　73

```
長期記憶 ─┬─ 陳述記憶 ────────┬─ エピソード記憶
　　　　　│　（declarative memory）　　（episode memory）
　　　　　│　（または，顕在記憶）　　├─ 意味記憶
　　　　　│　　　　　　　　　　　　　　（semantic memory）
　　　　　│
　　　　　└─ 非陳述記憶 ──────┬─ 手続き記憶
　　　　　　　（または，潜在記憶）　　（procedural memory）
　　　　　　　　　　　　　　　　　　├─ プライミング
　　　　　　　　　　　　　　　　　　　（priming）
```

図3

をする根拠は何なのでしょうか（心理学でも，言語性によって記憶を区別することを適切とは考えない人もいるようです。陳述‐非陳述ではなく，顕在—潜在という区別をする人もいます。また，本著では詳しく論じませんが，筆者はこの陳述記憶と手続き記憶という分類に根本的な疑問をもっています。言語行為論の立場に立てば，言語表現も一種の手続き記憶に他ならないからです。陳述記憶と手続き記憶という区別は，言語の表象説に立った考え方です。言語の表象説は，言語は世界を模写し，映し出すものだという説です）。

　さて，陳述記憶は，さらにエピソード記憶と意味記憶に分類されます。エピソード記憶は，時空間的に定位された自分の経験の記憶を指すそうです（しかし，先ほど述べたように，それが本当に現実の経験であるかどうかは，客観的に確証する必要があるでしょう。ある内容が，記憶か想像かは自分だけでは決定できません）。

　それに対して意味記憶は知識の記憶であり，「東京は日本の首都だ」とか「1は整数である」とかいった言語的な知識を指します。後者は，時空間に拘束された個人的な経験内容を超えていて，人々が共通にもっているものです（しかし，「地球上の空気は呼吸可能だ」は，意味記憶（知識）でしょうか，エピソード記憶（経験）でしょうか。それは，地球上という特定の場所で，人生という時間ス

パンで経験したことでもあります。エピソード記憶とは，絵ハガキや写真くらいの長さと空間範囲をモデルにした社会的なバイアスのある記憶概念ではないでしょうか）。

上の図では，意味記憶と手続き記憶は，最初から別の分野に割り振られているように思いますが，観点を変えてエピソード記憶と対比させると，意味記憶と手続き記憶には共通性があります。それは，意味記憶と手続き記憶は，記憶と呼ばれながらも時間性がまったく欠落していることです。意味記憶と手続き記憶はどちらもある意味で能力です。手続き記憶は身体的能力です。意味記憶が保持している知識も一種の能力ということができます（言語的に何を説明する能力，言葉と言葉を結びつける能力，言葉によって行動を制御・調整する能力）。どちらの能力も過去のどこかの時点で学習されたというだけのことであり，その能力自体の中には時間性が書き込まれていません。

哲学的な表現では，意味記憶と手続き記憶は，どちらもディスポジション（傾向性，潜在的権能）と呼ばれるものです。そして意味記憶と手続き記憶は，どちらも現在の状況の中で行使されるときには，環境との関係で再学習されて変形することがあるでしょう。

単純に言えば，意味記憶と手続き記憶は学習に他なりません。こうした点から考えるならば，エピソード記憶だけが時間性をもっている，すなわち，過去のことを過去のこととして想起することだと言えるでしょう。

■ 過去が過去であること：記憶貯蔵説の誤り

では一体，いかなるものが過去の経験を，過去たらしめているのでしょうか。過去経験が「すでにない」「すぎたもの」として想起させられるのは，どのようにしてでしょうか。単に脳に「保存」さ

れているというだけならば，時間性の欠けた意味記憶も「保存」されているはずです（私は，後に述べるように，この記憶が物のように脳内に「保存されている」とか「貯蔵されている」というのは，不適切な比喩であると考えています）。

エピソード記憶が，コンピュータに保存されている情報のようなものだと考えるとどうしても不都合が生じます。というのも，やはりそうした情報には時間性が欠けているからです。コンピュータに記憶させた情報に日付をつけられるように，私たちの脳の中にあるとされるエピソード記憶にも日付がついているのでしょうか。これはありそうにない話です（私たちは，しばしば想起した出来事の時間的な前後関係を間違うのですから）。

しかしたとえ保存されている情報に日付をつけたとしても，それを「検索」したところで過去を想起したことにはなりません。なぜなら，日付とは単なる序列番号のようなものであり，ある出来事を「すでにない」「すぎたもの」として想起することは，そうしたナンバリングや名札づけとはまったく別のことだからです。

この点を区別できないでいる認知理論や心理学は，想起と学習を区別できないでいるのであり，人間の記憶について語る資格がありません。それらの理論は，序列と時間性を同一視するという誤りを犯しています。

松島恵介は，生態学的立場から記憶と自己との関係について重要な著作を書いています。松島は，過去の経験の過去性，すなわち「もはやない」という性質は，記憶内部にあらかじめ孕まれているのでも，記憶に付与されたラベルでもなく，現在の主体がその都度に与えるものだと指摘します（松島，2002：43）。「私はあなたに会った」といった過去表現が成立するのは，そのように発話したまさにその瞬間なのです。

環境の中にはさまざまな持続と変化が実在していますが，しかし

その連続体の中に現在と過去という区切りが自然に入っているわけではありません。区切りを入れるのは人間です。夏の暑い日に「今日は暑かったなぁ」という過去形をもたらすのは、その発話そのものではないでしょうか。温度は連続的に降下していて、そうした「暑かった（でも今は暑くない）」という区切りは自然界に存在しないからです。ギブソンも次のように述べています。

　現在の経験と過去の経験との二分法の力は、おそらく言語に由来したものであって、その場合、我々は「あなたに会う」のと、「あなたに会った」の、あるいは「あなたに会っている」と「あなたに会っていた」の中間のことをいうのは許されない。動詞は現在形か過去形しかとらない。相手が視界にいようといまいと、相手についての自分の連続的意識を言い表す言葉がない（生態：269）。

そこから松島は、「『私は○○した』こと自体は、決して貯蔵することができない。それはデータとして表記されるものではなく、発話されるべきものなのである」と結論します（松島、前掲書：45）[5]。

記憶とは、貯蔵された感覚データという対象に対する操作（「取り出し」「検索」のような操作）ではけっしてありません。そもそも想起とは知覚でも感覚でもありません。

---

(5) ピエール・ジャネも完全にひとりきりの人間は記憶を有することはないと主張していました。先にふれたように、ジャネによれば、記憶に、秩序性や連続する出来事の記述、時間的な前後関係を与えるには「語り（récit）」が必要とされます。記憶は「語り」を行うときに、その都度に生じているというのです。この語りとしての記憶は、過去の断片を繰り返している「習慣」とは、はっきり区別されるべきものだとジャネは主張します。コンピュータには、ジャネ的に言うならば、記憶はなく習慣しかないのです（Delay, 1978：24-27）。
ジャネのこの「語り」の記憶論は、自己を物語ること自体に、自己のアイデンティティの構築を見る近年の自己論の先取りと言えるでしょう。浅野（2001）、榎本（1999）、片桐（2000；2003）を参考のこと。

美味しい料理を食べたことを思い出しても，ちっとも美味しくはないでしょう。痛かった経験を思い出しても，まったく痛くありません。記憶とは知覚することではなく，言語的命題あるいは知識ではないでしょうか。「何かを食べて美味しかった」という命題を復誦しているのであり，「あのときは痛かった」という知識をもっているだけではないでしょうか。それらの記憶は，美味しさや痛さの感覚の再提示ではないのです。

私たちは，想起することを，知覚に近いものとして，内的な画像イメージを取り出すこととして，とらえがちです。そのように考えてしまう誘惑は強いのですが，哲学者のギルバート・ライルはそれが誤りであることを，『心の概念』の「記憶」の節で的確に指摘しています (Ryle, 1987)。

> 音楽会の常連や物まね師や設計士が演奏上の誤りや説教師の身振りやヨットの輪郭などを再現することによって何かの知識を獲得したと考える人は誰もいないであろう。彼らは，演奏上の音がどのように聞こえ，説教師がどのような身振りをしているように見え，ヨットがどのような形や操帆装置をもっているように見えたかということを示しているにすぎないのである。…たとえば，ある人物の顔の描写が，眼前にその人物が存在していないにもかかわらず実際にその人物を前にして描写している場合と変わらないほど上手に描かれているならば，それはその人物の顔の写真のようなものが存在しているからに違いないとわれわれは考えるのである。しかし，これはまったく根拠のない因果的仮説である (Ryle, 1987：404-405)。

ライルによれば，想起するということは叙述機能であり，それ以外のものではありません。生き生きと思いだすということは，「記

憶の調査が上手だ」とか,「記憶像を詳しく眺めなおした」ということではなく,何かを示し,表現することが上手だということなのです。哲学者のコリン・マッギンも,イメージと知覚がまったく異なるものであることを説得的に論じています(McGinn, 2006)。ヒューム以来,記憶されたイメージがあたかも知覚の弱まったものであるかのように考えられてきましたが,これはまったくの誤りだったのです。

■ 記憶分類の問題点:ブローデル的見方

このように考えると,エピソード記憶と意味記憶の区別は,内容に関してはできないことになります。すでに疑問を呈しておきましたが,いったい,エピソード記憶の中には何か蓄えられているのでしょうか。過去の自分の体験した風景がスナップショットの連続のように,あるいは,映画のフィルムのように保存されているのでしょうか。

とてもそうとは思えません。私は,「小学校一年生のときの担任の先生はとてもやさしい人だった」という思い出をもっています。その先生は中年の女の人で,たしか,眼鏡をかけていましたが,それ以上のことは思い出せません。子どもの自分にとっての「中年」とは30歳くらいだったのか50歳くらいだったのか,どのような顔の輪郭だったのか,「やさしい」とはどういう点がそうだったのか,まったく思い出せません。ただ「やさしい」人だということだけ覚えています。

これは,たしかに私が直接体験したことですが,ほとんど,意味記憶や知識だとは言えないでしょうか。しばしば人は,エピソード記憶を写真や絵ハガキのように思い込んでいますが,もっと長い時間スパン(1年間)をかけて,その対象のさまざまな姿を知覚した

場合には，そうした絵ハガキや15秒コマーシャルのようなものが記憶されているとは考えられません。

「数年間のカナダの滞在は楽しかった」「あの街には長く住んだが，面白い街だった」とかいった経験は，実際に体験したことでも，意味や知識なのではないでしょうか（「それは体験的なエピソード記憶がどこかの地点で言語化されて記憶されたのだ」という反論も有効には思えません。そうした反論は，スナップショットのような体験を繋げることができるのは言語だけだという誤った想定から生じてくるのではないでしょうか）。

そして，そこにバートレットが言うような，記憶を再構成する余地が生まれてくるのではないでしょうか。エピソード記憶と意味記憶との違いはそれほど明確ではなく，エピソード記憶にも知識的な側面があります。それゆえに（細部を）再構成されうるものなのではないでしょうか。「いや，エピソード記憶と意味記憶には，自分で経験したか，情報として得られたか，個人的なものか，共同のものか，という違いがある」。こう指摘される方もいるでしょうが，これらの区別もそれほど明確なものでしょうか。遠い体験は人から得た情報のようになってしまうこともあるし，知識が自分の体験であるかのように（ちょうど迫真の小説を読んだときのように）ありありと肉づけされることはないでしょうか。

ギブソンは，知覚とはスナップショットを撮るようなものではなく，時間的に長いスパンをもった探索によって，環境中の形をもたない不変項 formless invariant についての情報を取得するのだと論じていました（根拠：78, 346）。記銘される記憶も，実は形のない情報なのではないでしょうか。

ところで，何が出来事の時間的単位となるかについては，心理学よりも歴史学の方がよほど真剣に議論してきたようです。フェルナン・ブローデルに代表されるアナール学派が構造歴史学を打ち立て

て以来，ある時代が，単純に年表のように区切れるわけではなく，歴史的な出来事にはさまざまな時間的スパンがあることが歴史学の常識となっています（Braudel, 1991-1995）。ある時代には，ちょうど海の中には速度の違う海流が層をなして動いているように，さまざまな長さの出来事が重層的に生じているのです。

政治的な出来事（事件）は，比較的に短く，常に変動し生成します。従来の歴史学はこの政治史に他ならず，その意味で最も表層的な次元での歴史でした。しかしアナール学派が目を付けたのは，数世紀にわたってほとんど変化しない生活形態や商業活動，ゆっくりと成育する産業資本などです。

歴史は重層的であり，その表層部では政治的な事件や出来事が起こっては消えてゆきますが，その底には，もっとゆっくりしたリズムの中期的持続である社会史・経済史が見出せます。さらにその底には，ほとんど変わらない，きわめてゆったりとした流れの歴史，たとえば，政治制度の歴史や文化人類学が追究するような文化の基底が存在します。これは地理学的時間と呼ばれます。

「今」と私たちは簡単に言いますが，どこからどこまでを切って「今」と呼ぶのかは，何を現在進行中の出来事としてとらえるかによって異なります。歴史学的には，近代社会とは，日本も含めたある特定の地域で，この2〜3百年にわたって進行中の「今」であると言えましょう。出来事は入れ子状をなしていて，私の手の動きは，「CDを聴く」という行為の一部をなし，「CDを聴く」は「休日を楽しむ」の一部をなしていて，これはもっと長いライフスパンの出来事の一部にすぎないかもしれません。こうした重層的な時間概念が，心理学や認知科学の記憶論にも導入されるべきではないでしょうか。

繰り返しの問いになりますが，そもそも記銘されるデータとはどのような単位でできているのでしょうか。また，それらのデータは

離散的で個別化されているのでしょうか。

　ギブソンによれば，環境を構成している出来事には定まった単位はなく，時間スパンに関しても基本単位があるわけではありません。ギブソンは，知覚される出来事をアナール学派のように考えます。ある出来事の中には無数の出来事が入れ子状に含まれ，その出来事もさらに大きな出来事に包摂されています。

　したがって，知覚の基本単位というものはないのですから，記銘される基本単位などというものもありえません。そして長い時間単位の知覚は，形をもたない不変項になるのです。しかも短い知覚などありません。動物が生きている限り，その知覚に終わりなどないのです。

　話をエピソード記憶の特徴に戻すと，過去の経験を「もはやない」こととしてとらえるというエピソード記憶の特徴は（すなわち意味記憶との違いは），想起された内容そのものではなく，現在の私の態度にあるのです。自己を現在性と過去性との関係性として立てるという現在の私のある特殊な態度の取り方に，エピソード記憶の本質があるのです。

　「私はかつてある女性を愛していた」という場合，そのときの愛情をありありと思い浮かべることができるならば，それは現在でもまだその女性をいくらかは愛しているのであって，「愛していた」のではありません。それが完全に過去のことになったときには，その女性への愛情は推論されているにすぎません。「かつて私はコーンビーフが大好きで，美味しいと思っていたが，いまはまずいと思う」というときには，もうコーンビーフが美味いとは感じていないのです。コーンビーフの美味しさの感覚は完全に失われ，それを推論しているだけなのです。

■ 意志の弱さと複数の自己

　以上のように、想起とは、自己を現在性と過去性との関係性として立てる態度のことです。想起している自己は、したがって特徴的な存在の仕方をしています。生態学的心理学者のエドワード・リードは、「知覚は自己に、記憶は自己たちに」という論文の中で、エピソード記憶と自己の同一性についてきわめて興味深い理論を提唱しています（Reed, 1994）。

　先に述べたように、生態学的立場から見れば、知覚するということは、感覚与件を受け取り、それを内的に処理し、心や脳の内部に知覚世界を表象することではありません。多くの記憶理論はこうした間接知覚論を前提にして、感覚与件が脳内に貯蔵されると想定しているように思われますが、それは生態学的立場から言えば誤りです。

　知覚とは環境の知覚であると同時に自己知覚でもあり、私たちが知覚するのは、環境の中で活動している私たち自身です。ファイファーたちがロボット研究で示したように、ボディにセンサを実装し、自己と環境についての相対的な情報を得られるようにしなければ、自律的エージェントとして成り立たないのです。

　したがって、私たちが自分の経験（エピソード）を思い出すというときには、環境に向かい合っている自己を想起することです。経験する自己とは静態的なものではなく、活動的でダイナミックなものです。自己も環境も形のない不変項として知覚されます。

　リードによれば、記憶とは単なる内的状態の再生ではなく、ある特殊な形における環境への対峙 encounter なのです。「記憶を通して、私たちは過去の環境に対峙するだけではなく、さらに重要なことに、その環境における過去の自己たち selves と接触し続けるの

です」(Reed, 1994:278)。エピソード記憶とは自伝的な記憶ですが，それは，「現在の自己の経験が以前の環境における以前の自己へ気付くこと」です（同上：283）。

経験する自己はダイナミックです。ダイナミックな自己は，同一性を維持し，単一のままでいるのでもなく，かといって分裂しているのでもありません。

リードによれば，ダイナミックな自己は「複雑で複数化している complex and multiple」のであり，ある程度の範囲でのみ統合しているような存在です（同上：287）。過去のエピソードが過去のこととして想起されるのは，現在の自己と過去の自己が，差異化されると同時に繋がってもいるからです。過去経験が「すでにない」「すぎたもの」として想起されるには，自己が複数化している必要があります。

たとえば，子どものころの自分が経験したことを，その当時から毎日何度も想起し，それを30歳の現在までずっと繰り返していたとしたらどうでしょうか。それは，自分が過去に経験したことなので定義的にはエピソード記憶となるかもしれません，しかしそう呼ぶことに私たちがためらいを感じるのは，その経験が習慣のようになっていて，「すぎたもの」「終わったもの」とはなっていないからです。

自己の統一性は，過去経験が保存されているがゆえの受動的な結果ではなく，現在の私の環境への対峙と過去のそれとを関係づける現在の活動の結果です。

このことがよく表れるのが，「意志の弱さ akrasia」と言われる現象です。私たちは，ときに，過去にある意図をしたり，決意をしたりしても，現時点ではそれに反するような行動を取ってしまうことがあります。

禁煙を決意した人が，そのそばからタバコに火をつけようとす

る。計画を立てたのに，その実行のときがくると他のことをしてしまう。ダイエットをはじめる前に，大食いしてしまう。これらが意志の弱さの例です。なぜこうした矛盾するような行動が取られるのかなかなか説明が難しく，哲学でも議論が重ねられてきました。エコロジカル・アプローチでは，意志の弱さは，私たちの主体が複数的なものであることの証拠として解釈されます。すなわち，私たちの意図的な行動は，単一の統一された行為者の産物ではないと考えるのです。

ギブソンの師匠であったE. B. ホルト（Holt, 2005）は，動物の中には，複数の意志や意図が競合し，葛藤した状態で存在していると考えました。そうした競合状態の中から，ある意図的な行動が生まれてくるのです[6]。意志の弱さとは，ひとりの人物の矛盾した行動というよりは，複数の自己が統合されずにいる状態としてとらえるべきなのです。ここに私たちは，リボーやジャネと同じ発想を見ることができるでしょう。逆に，オールポートが想定したような統一的なパーソナリティでは，意志の弱さや非合理的な行動の説明がつきません。オールポートのパーソナリティ論では，基本的な価値の葛藤，抜き差しならない価値どうしの衝突があまりに軽視されています。

現在の自己と過去の自己がまったく分離し，和解できないと，自

---

[6] この点はフロイトらの深層心理学が以前から気づいていたことであって，ホルトは次のように書いています。「行動は外部の状況の関数なのだが，明らかなのは，この関数こそが，フロイトが『意図』（wish）の名のもとに論じているものにほかならないということだ。それは身体が環境のなかの対象や，関係や，できごとと関連を保ちながらする，あるいは（運動の構え（motor set）によって）する準備ができている，ひとまとまりの行為である。思考は予見的な性質をもつ。思考が行動の背後に隠された内的な秘密であるかのように見えるのはこの予見性のためである。そしてこの予見性は，次のような思考の本性に由来している。すなわち思考とは，いくつもの運動の構えのあいだのほとんど絶え間のない相互作用が行為の実行に先立って絶えず変化しながら進行することなのである」（Holt, 2005 : 92）。

己は統合度を失い，自分の過去を自分のこととして自覚することはできません。松島（前掲書：52-92）は，断酒者における現在の自分と過去の自分のあり方について報告しています。それによれば，断酒者は，曖昧さなしに，自分の過去の依存的な飲酒経験をはっきりと語ろうとする傾向があります。「飲まないアルコール依存症者」である断酒者たちは，「飲んだ」という過去を明確に語り，想起することで，「飲んでいない」という現在を経験するのです。断酒者たちは，「過去の経験は忘れられてもいけないし，それに浸りすぎてもいけない」と語るのですが，それは想起を停止すると過去の状態に戻ってしまうかもしれないからです。

 アルコールはつねに環境中に存在し，依存症者はアルコールを欲する身体をもっているのでしょう。想起はこの環境に，過去と現在の差異という楔を打ち込む役目を果たします。ここでの自己は，リードが言うように，分割しているが分裂はしていない状態にあります。

■ 共感としての想起

 こう考えてみると，エピソード記憶とは，過去の知覚経験を再現することなどではなく，むしろ過去のある自分の姿と振る舞いを繰り返すことに近いのではないでしょうか。

 「遠くからはAさんに見えたが，本当はBさんだった」といったように，知覚的な誤りは瞬時に修正されます。それに対して，私たちの誰もが自分の記憶が誤りうることを認めながらも，記憶誤りを指摘されても，なかなか納得しません。記憶違いを瞬時には修正することは難しいものです。それは，記憶が操作可能な対象ではなく，自分のあり方に結びついているからです。そうした過去と現在の複数の自己を何らかの形で折り合いをつけることが想起すること

なのです。

　先に見たように、ナイサーは、想起が家族や友人との間で社会的きずなを作るコミュニケーション行為だと指摘しましたが、リードによれば、想起とは、複数の自己の間にきずなを作ることです。リードはこう結論します。「ある意味で、知覚者の自己は、想起者の自己よりも統合している。記憶は複数の自己を調整する過程である。こうして記憶は統合的機能に奉仕する。環境への多数のさまざまな対峙に参与し、多くの異なった状況を経験し、あらゆる多数の感覚を享受する個人を多かれ少なかれ統合させておくのに役立つのである」（Reed, 1994：278-279）。

　この観点に立って、リードは、想起とは一種の共感であると主張します（同上：279）。普通、共感とは諸個人間に働く感情的な関係性ですが、想起はひとりの個人の中の複数の自己の間に働く共感です。ここでいう共感とは、同情であったり、敵意であったり、喜びの共有であったり、嫉妬であったりするような、あらゆる意味で諸個人を社会集団へともたらすような感情的な働きを言います。

　私たちは、もう一歩、議論を進めて、エピソード記憶とは、過去の自分のふりをすること、いやむしろ、過去の自分が憑依することととらえることはできないでしょうか。

　実験心理学や認知科学は、ながらく、暗黙のうちに統一的自己を前提として、さまざまな理論を組み立ててきました。たしかに、自己を複数化しているものとして認めることは現代の認知理論でははやりでさえありますが、そこにも、統一性についての前提が見出せます。まず、基本的な心的諸状態が離散的であり、そのそれぞれの状態が単純性と統一性をもつという前提。それから、さまざまな心的状態の背後にそれらを統一的に操作する究極の主体が存在するという前提です。生態学的な立場ではこれらの前提を疑います。

　ギブソンは初期の社会心理学の論文で、人間の行動の特徴を規範

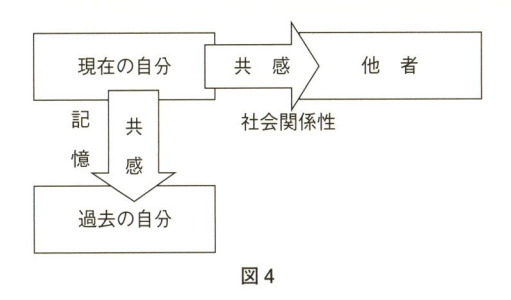

```
┌─────────────┬──────┐
│  現在の自分  │ 共感 ╲→  他者
├──┬──┬──────┴──────┘
│記│共│    社会関係性
│憶│感│
│  │↓│
├──┴──┤
│過去の自分│
└─────┘
```

図 4

性に求め，その獲得の基礎に同一化・共感の働きがあることを強調していました。共感は，先に述べたように，他者と同じような視点や立場を取らせながら，同時にその他者とは異なった存在であることによって成り立ちます。こうした共感の働きはアンリ・ワロンによっても指摘されています（Wallon, 1965）。

ワロンによれば，子どもは目の前の小鳥が囀っているのを凝視し，その鳥が飛び去ってしまうとはっとして鳥のまねをして鳴いたといいます。子どもが鳥を眺めているときには，自分の姿勢で相手に溶け込むこと「姿勢的融即 participation」と，逆に相手の姿勢が自分の中に浸透してくる「姿勢的浸透 imprégnation」の両方が生じているのです。これは相手の運動動作を共鳴的に体得する身体図式の働きによります。

しかしながら，こうした共感する自己は，心理学のメインストリームが想定してきた自己観では十分にとらえることはできません。そこでリードは，自伝的な想起の中に，単純な同一性を保つ自己ではなく，共感によって何とか統合されている複数の自己のあり方を認め，それによって新しい自己観を提示しようとしたのです。生態学的立場にとって，エピソード記憶による人格の同一性とは，感情性によって維持されるところの人間関係なのです。

■ 腹 話 性

以上のような生態学的立場に近い自己観を提示した哲学者・文学研究者としてミハイル・バフチンをあげることができます。バフチンの理論は、ワーチ（Wertsh, 1995；2002.）などの紹介を通して、広い意味でのエコロジカル・アプローチをとる心理学者に注目されつつあります。

バフチンは、対話主義とポリフォニーの概念で文学や思想を解釈し、ヴィゴツキーの心理学とともに近年、話題に上っています。ここでは、彼のポリフォニーと腹話性の概念を紹介します。

私たちは他人、とくに保護者から言葉を学びますが、ひとたび学んだ言葉は完全に自分のコントロールのもとにあると信じています。しかしバフチンによればそうではありません。他人の言葉はある意味で自分にとって異物であり続けるのです。他人の言葉は、習得した人の脈絡の中に移し入れられても、そのもともとの指示対象と意味を保持しつづけ、その言語上の繋がりと独立性も、その痕跡であれ、保存しつづけるというのです（Bakhtin, 1980：251）。

私たちは言語を教育者とのコミュニケーションのやりとりのなかで獲得してゆくのですが、それは、最初は他人の声を模倣し、借りることからはじまります。これは、他人の声を通して話すことであり、腹話することだと言えます。そして次第に、その言葉の中に自分の志向とアクセントを住まわせ、言葉を支配し、徐々に自分の声にしてゆくのです。

しかし、そうしたアプロプリエーション（専有化）が成り立つまで、言葉は中性的で非人格的な言語の中に存在しているのではなく、他者の唇の上に、他者のコンテキストの中に、他者の志向に奉仕して存在しています。しかも、他人の言葉は、どれも同じように

容易に自分のものとなるとはかぎりません。頑強に抵抗し、相変わらず他人の言葉として異物のように留まる言葉もありますし、自分のコンテキストになかなか同化できない言葉もあるのです。

腹話による専有化によっても他人の発話を完全に吸収できるとはかぎらず、しばしば異物性をひきずったままの借用に留まっていることもあるのです。

しかしバフチンによれば、こうした多声性、すなわち、さまざまな他人の声の残響が異物のままにとどまり、もともとの指示対象を保持したままに自分の声と衝突すること、ここにこそ思考があります。

思考とは、多様な声のあいだの絶えざる交渉であり、対立であり、闘争であり、調停であり、和解や妥協です。腹話とは「声のアリーナ（闘技場）」なのです。「あらゆる内的なものは自足することなく、外部に向けられ、対話化される。いかなる内的経験も境界にあらわれ、他者と出会う。この緊張に満ちた出会いの中に、内的経験の全本質が存在する」(Bakhtin, 1979：250)。

こうしたバフチンの言語観＝自己観は、エコロジカル・アプローチと親和性があります[7]。前に取り上げたように、ギブソンは、初期の社会心理学の論文で、自我とは実際には、無数の多様な経験のことだと論じていました。

生態学的立場にとって人格同一性とは、不滅の魂によってアプリオリに与えられているのでもなければ、意識の連続性や記憶の保存が自動的に保障してくれるものでもありません。さまざまな環境と対峙しているさまざまな自己を調停する共感能力、あるいはそれらを結びつけるコミュニケーション活動にその成否がかかっているの

---

(7) やまだようこ（1996）は、バフチンの腹話性の理論が、声と声との対立をあまりに強調しすぎているが、他方で、声が響きあい、共鳴しあう、相互に「しみ込む」融和的な関係性もありうることを指摘しています。

です。私たちの複数化する自己を最初からまとめあげてくれる究極の自立が存在するのではなく，それらの自己が，ときに結びつき，ときに並立し，ときに対立する形で存在しているのが私たちのあり方なのです。生態学的立場にとって，自己とは政治的な場所なのです。

第4章
身体と顔

■ 心理学における身体

　先に述べたように，哲学的な人格同一性の議論において，身体性は重要な役割を果たしていました。身体は誰でもが確認できる連続体です。

　たしかにどのような身体であれ少しずつは変化しているのですから，質的な観点から言えば，身体は厳密な同一性を保っているとは言えません。しかし数的にはひとつです。コウノテツヤと呼ばれている身体は毎日変化していますが，それは連続していて数的には単一であり，複数に分裂したりしません。

　この点で，身体とはまさしく私の数的同一性を確保してくれるものです。心理的な諸特徴や諸能力の中に自己のアイデンティティを見出そうとする立場がありますが，これに対する哲学的批判として，もし，まったく同じ心理的特徴と能力をもった個体が二人現れたら，その二人は同一人物であるということになってしまう，というものがあります。つまり，人格を区別するのは心理的なものによってではなく，数的に区別可能な身体によってなのです。

　私たちの個体的な存在にとって身体は本質的です。しかしながら，パーソナリティ心理学では，クレッチマーのような体質論・気質論として以外には，身体性が取り上げられることはありませんで

した。というよりも，心理学では一般的に，身体がテーマとして論じられることは本当に少なかったと言ってよいでしょう。これは奇妙なことです。心と身体を分離して，前者だけが心理学のテーマだというのだとすれば，ずいぶん古典的な二元論を採用していることになります。

生態心理学者のリード（Reed, 2002）は，心身二元論（物心二元論）が心理学にも浸透していることを強く批判しています。心身二元論は，心的なものとは主観的なものであり，物理的なもののみが客観的であると想定します。それゆえ，心理学は科学的であろうとする限り，心から区別された身体についての学問でしかないということになるか，あるいは，心理学が心についての学問であろうとする限り，科学とはなりえないというジレンマに陥るのです。そうした想定に立てば，人間は死物としての身体と抽象的記号としての心に引き裂かれてしまうでしょう。

たとえば，身体を伴った太郎という人物がやはり身体を伴った花子という人物を愛するという場合と，「ある心が別の心を愛する」といった場合を比較してみてください。そこでは，「愛する」という行為の意味がまったく異なってくることにお気づきでしょう。

前者が，具体的で身体的な振る舞いを伴った愛のやりとりを思いつかせるのに対して，後者の意味での「愛する」は，まったく抽象化されてしまいます。さまざまな具体的な行為として愛があるのではなく，あたかも愛するという行為に抽象的な本質があり，心がただそれを思考しているかのようです。相手との身体的なやり取りを含むはずの愛という行為は，愛するという思考と同一視され，ひとつの記号であるかのように貧困化されてしまいます。「太郎が考えた」と「心が考えた」の違い，「花子が認識する」と「心が認識する」の違いも同様です。

このように行為から身体性を取り除いたときには，リードが指摘

するように，その行為自体が抽象的記号のように空疎なものになってしまいます。心理学が暗黙のうちに近代哲学の二元論を引き受けてきたとすれば，それは人間を記号処理装置として扱い，行動する身体として扱ってこなかったことを意味するのです。もちろん，近年，心理学のこうした二元論的な傾向を変えようとする試みも生まれてきています[8]。

身体の物理的性質と行動

心理作用が身体から切り離せないことは，コンピュータ科学やロボット工学の分野からも明らかになってきています。身体の持つ物理的な諸特性でさえ，そのエージェントの行動に重大な役割を果たすのです。

身体を構成する材質，身体のサイズと形状（モルフォロジー）は，行動のあり方にとって無視することのできない要素です（河野，2005：35-40）。

たとえば，歩行するロボットを作るときに，その足の裏や関節部分を金属のような硬質な素材を用いたとします。すると，そうしたロボットは地面の凹凸などでバランスをくずしやすいので，重心を即座に回復する高度な人工知能が必要となります。ところが，足の裏や関節にゴムのようなやわらかい材質を使うと，ちいさな凹凸やちょっとした衝撃ならすべて吸収してします。それゆえ，そうした柔らかい足をもったロボットはバランスをとるための制御装置がなくとも，滑らかに素早く歩くことができるのです。人工知能が心だとすれば，柔らかい足は心の代わりを果たしたのです。

---

[8] たとえば，春木豊（2002）では，呼吸，表情，姿勢，動作，音声，化粧行動，被服行動，対人空間・対人接触などが扱われています。後に論じる「顔」については，竹原・野村（2004），原・小林（2004）に興味深い研究が見られます。

あるいは，身体のサイズにも同じような効果があります（Pfeifer & Scheier, 1999：115-116）。「左の障害物センサが反応したときには右に曲がる，右センサが反応したら左にまがる」というプログラムを入れたアリロボットを浜辺におくと，小石・岩・水たまりなどの障害物を回避して，曲がりくねった経路を通りながら進んでゆきます。では，このアリのサイズを百倍にするとどうなるでしょうか。足は大きくて長く，センサも以前よりはるかに高い位置にあります。このアリを同じ浜辺の環境に置くと，それまでは障害物であった小石や水たまりを無視して前進して，歩行軌跡はほぼ直線になってしまいます。内部のメカニズムは同じでも，ボディのサイズが異なることで行動は大きく変容します。もちろん，身体の形状も材質やサイズ以上に効果的な行動の制御因子となりえます。

このように，材質，サイズ，形状といった身体の物理的特性をうまく利用することによって，行動を制御するための神経回路の処理量を大幅に削減できます。この点から見れば，心と身体は交換可能なのです。ただし，ここで注意していただきたいのは，材質，サイズ，形状といった特性も，やはり環境との関係性で意味をもつ特性だということです。

私たち生物は決められた身体を与えられています[9]。私たちの「心」が行動を制御するものだとしても，それは一定の身体の存在を前提としており，それから独立した制御などありえません。心理作用は，身体が環境と関係性を結び，環境に対して一定の効果をもっていることを最初から前提としています。認知科学が言うように，かりに心がプログラムであったとしても，その表現は肉体という言葉に完全に依存しているのです。

---

[9] ただし，私たち人間は自分の身体を訓練によってかなり変えることができますし，道具や機器を利用することはある意味で新しい身体を手に入れることです。現代社会の人間はほとんどみな，肉体と機械を連動させて生きているサイボーグだとすら言えるのです（Clark, 2003）。

■ 身体と所有物

ギブソンにとっての自己とは，環境の中に埋め込まれた徹底的に身体的な自己でした。しかしそれは，環境に深く埋め込まれているがゆえに，環境に拡がった存在でもあります。

すでに述べてきたように，私たちがもっている心理能力の多くは，自然的のみならず，道具や社会制度のような人為的な環境の中ではじめて起動するように設定されています。心理能力とは，自然的・人工的環境の中に埋め込まれた身体というシステムによって成立しますし，ジェームズが指摘していたように，「我」と「我がもの」の間を区別することは困難です。「我がもの」は自分のニッチの一部を構成しているからです。自分を取り囲んでいて，そこで自分が習慣形成をしている環境はすべて自分の身体の延長物のようです。

興味深いことに，ジェームズは，客我を「物質的客我」「社会的客我」「精神的客我」に分けています。物質的客我としては身体が核心をなしています。ただし，身体の中でも，自己に帰属している感じの強い個所と弱い個所の違いがあります。それから衣服も物質的客我です。私たちは衣服と自分自身をしばしば同一視しています。さらに，家族，私たちの父母や妻子は自分の骨であり肉であるとジェームズは言います。そして財産も物質的客我の一部をなしています。

また，社会的客我とは，その人が仲間から受ける認識を指しています。認められること，有名であること，名誉などは社会的自我につけられた名称です。ジェームズによれば，人間は，その人のことを認めている他人の数と同じだけの社会的自我をもっているのです。

さて，三番目の精神的客我とは，「私の意識状態，私の心的能力，および諸傾向を具体的に集めた全体の意味」(James, 1992：252)

を指します。そしてジェームズは,「われわれが自分自身を考えるときに,私の客我のすべての他の成分はこれに比べると自分以外の所有物のように感じられる」(同上)と指摘します。

しかも心理能力の中でも自分に帰属している感じが強いものと弱いものがあって,感覚能力は,情動や欲動に比べると外的に感じられ,知的能力は意志的決心よりも親近度が低いと言います。

つまり,自分の自由になり,能動的な感じをもった意識状態ほど精神的客我の中心部をなしており,したがって,自己の中心部をなしているのです。自己とは自分の自由にできるもののことを言うのです。エコロジカル・セルフは環境に拡がっていますが,自分の制御可能性によって,その自己帰属感に差が出てくるのです。

自己がこのようであるならば,身体の位置づけは微妙なものになります。今しがた述べたように,身体は自己のアイデンティティの中核をなしています。実際に,他の人が私を私として識別できるのは私の身体によってです。ベルティヨン方式の身体計測はその精緻化でした。

しかし他方で私たちは,自分自身を,環境や所有物から切り離すのみならず,ときには自分の身体からさえも切り離して考えることがあります。たしかに私たちは特定のニッチを離れて,それとはまったく異なった環境に移動して生活することができます。まさしく,そうした適応能力こそが般化能力と呼ばれるものです。

ですから,環境と自己を区別することは,とくにおかしな発想ではありません。しかし身体に関しては違います。私たちは自分の身体を丸ごと取り代えることなどできませんし,部分的な移植であってもかなりの困難がつきまといます。輸血すら適合性が厳しく問われるのです。私の存在は自分の身体から切り離されてはありえませんし,私の身体は私の所有物ではありません。身体は所有物のように着脱可能でも交換可能でもありません。

にもかかわらず，私たちはどこかで自己の身体を所有物のように考えている節があります。「身体を所有する」という言い方は，どこか正しく，どこか間違っている，と両義的に感じるのではないでしょうか。間違っているのは，もし私の身体は私の所有物であるならば，所有している私は身体とは別の存在，すなわち非物理的な精神だ，ということになるからです。ロックは，「人格 person」を「思考する知的な存在 a thinking intelligent being」と呼んで，精神としての人格が身体を所有していると考えましたが，この点においてロックはデカルトと同じタイプの心身二元論に陥っています。しかし他方，「私は身体である」という表現もどこかおかしく感じるのではないでしょうか。「自分の体」「私の腕」というように，身体に所有格を使った表現をするのが普通なのです。

　身体はなぜ両義的なのでしょうか。そもそも所有物とは何でしょうか。所有物とは，自分で処分可能であり，自由に扱えるものであると同時に，やはりひとつの事物として私の制御能力に抗い，完全に自分の自由にはならないものです。私の所有しているコンピュータは，売るなり，あげるなり，私が自由に処分できる占有物です。ですが，それでもひとつの独立した実在として，私の働きかけに抗う存在です。事物は私の思考や決意ほどには自由になりません。

　単純に言って思考や決意とは，「〜だと思う」とか，「〜しよう」と語る内語であって，自分で自由に発話することができます。内語を発生させることも，消滅させることも自由にできます（でも，本当は完全に自由ではありません。私のなしうる行為の中で，他と比較すると，最も自由な行為のひとつだということにすぎません。自分で自分の発話を制御できないこともありますし，発話内容は言語という社会制度に依存しています）。

　しかし身体は，その意味では，自分で発生させたり消滅させたりできません。また身体には内臓の動きのように不随意の運動もある

以上，しばしば自分の意に反する存在でもあります。したがって，身体が所有物のように思われるのは，思考や決意のような自由度がかなり高い行動に比較して（繰り返しますが，思考や決意も完全に身体から独立した行動ではありえません），四肢を動かす行動が不随意的な部分が大きいからに他なりません。私たちは疲労や病気で思うように体が動かなかったり，以前はよりすばやく正確にできたことが運動不足や老化などでできなくなったりしたときに，身体と自分自身とのずれを感じるでしょう。あるいは，自分の身体をある環境に慣れさせて，そこに適応させることに成功したときには，自分の身体を自分で操る道具や手段のように感じることがあるかもしれません。この場合も，身体と自分自身との別の意味でのずれを感じているのです。暑い気候に慣れたというときには，自分が知らないうちに，体がその気候に適応したのです。

■ 顔と身体の受動性：ヴェラスケスの「侍女たち」

　身体は環境とカップリングしています。私たちはこの自分の身体と環境とのカップリングにしばしば無自覚です。私たちは環境のアフォーダンスの多くを学習します。ということは，私たちは，自分の身体的行動と環境との相関関係を，後からやっと知るようになるということです。

　アフォーダンスとは，それに対して動物が関わる（行動する）ことで，ある出来事が生じてくるような環境（対象）の特性を意味しています。動物が相互に行為しあう限り，ある動物にとって他の個体の振る舞いはアフォーダンスの宝庫です。それは同時に，私たち自身が，他の人々に対してアフォーダンスを与え，行動を促していることを意味しています。私たちの身体は，私たちが気づく前に他の人たちに対して何かの効果を及ぼしています。私たちは，自分の

他者へのアフォーダンスを学ばなければならないのです。

　顔はこのような身体の象徴的な部分です。そして，顔は人格の核をなす部分であることに反対する人はいないでしょう。「顔がない日本の外交」とか，「人間の顔をした政治」とかいった表現が示すように，顔とは人間であることや道徳的であることの集中的な表現でもあります。

　レヴィナスという哲学者は，顔を倫理の源泉として位置づけています（Levinas, 1989；1990）。「殺人に対する無限の抵抗……は他者の顔のうちで，他者の目における全面的な裸出性のうちで輝く」（Levinas, 1989：301）。顔は人間の個別的な存在の現れであり，倫理学はそれを基礎にしか成り立たないのです。

　私たちは他のどの個所よりもある人の顔に注目します。そこには表情があるからですが，表情は凝縮された行動であり，それ以後のその人の振る舞い全体を予感させる振る舞いの先端です。

　その逆に，身体の動きが顔の表情を予期させることも少なくありません。デズモンド・モリスは『ボディウォッチング』（Morris, 1992）という本の中で，人体の各部位を20に分け，その部位それぞれの構造や生理・成長，また運動・姿勢・表現・ジェスチャーなどの行動学的可能性，次いで文化的変容（彩色・刺青・身体加工）と誇張的表現について興味深い考察を行っています。そして，その本の半分は頭部（頭髪，額，目，鼻，耳，頬，口，ひげ，首）の分析に割かれているのです。このように顔は重大な行動学的意味をもっています。

　顔とは，私たちの人格そのものです。私たちにとって自分自身とは，まさに自分の顔に他なりません。私たちは，自分の顔に傷がつくことを極端に嫌がるものですし，顔が損傷した人の多くはその恢復を強く望みます。顔を否定されることは，自分の存在そのものを否定されたかのように感じます。

しかしながら他方で，顔は，私たちにとって制御の難しいものです。私たちは，自分の顔を直接に見ることはできません。顔とは自分自身でありながら，他人のためにあるかのようです。私たちは子どものころ，まず他人の顔を見て，後から鏡の中に自分の顔を見出します。顔は私たちが他者に対して受け身な存在であること，見られる存在であることの象徴です。

 哲学の世界では，近代的な主体の概念には，受動性が欠落していることがしばしば指摘されてきました。たとえば，私たちが社会や歴史の状況に無自覚に縛られていること，眠りや疲労・空腹など身体的条件からのがれられないこと，他者から見つめられ，評価される存在であること。こうした私たちの受動的な側面を近代哲学は見逃してきたと言われます。フーコーが『言葉と物』（Foucault, 1974）の冒頭で分析しているように，スペイン・バロック期の画家であるディエゴ・ヴェラスケス（Diego Velázquez：1599-1660）が描いた「宮廷の侍女たち」という絵画は，近代化された主体とそれ以前の主体の違いを浮き彫りにしています。

 現在では，マドリッドのプラド美術館に収まっているこの絵は，1656年に国王フェリペⅣ世とマリアーナ王妃の王女と侍女たちを描いたものです。国王フェリペⅣ世とマリアーナ王妃自身は直接に描かれてはおらず，奥の鏡の中に，小さくぼんやりとその姿が描かれているだけです。

 この絵画の前に立つと，その巧みな構図によって，鑑賞者は，ちょうど鏡に映っている国王と王妃の位置に自分がいるかのような印象を受けます。つまり，鑑賞者は国王夫妻と同じ視点に立ってこの絵を見ることになるのです。私もこの絵をプラド美術館で見ましたが，自分も絵の中にいて，自分の姿も絵具で描かれているのではないかと感じる不思議な印象に襲われました。

 そうした効果を作り出しているのは，絵の中の人物たちの視線で

図5 宮廷の侍女たち

す。中央の少女である王女や，その周りの侍女たち，ヴェラスケス本人だと言われている画家の視線が，鑑賞者を包み込むような空間を作り出しています（視線が空間性を作り出すということも興味深い現象で，ヴェラスケスはこのことに気づいていました）。絵を見ている鑑賞者は，自分が絵の一部になっているかのような感じになります。これは，絵の外にいて絵を眺めている主体，絵を構成し支配しているただひとつのまなざしが存在しないことを意味しています。

　フーコーは，この絵には，世界を世界の外側から表象する超越論

的な主観がいまだに存在していないことを確認します。この絵は，王と王妃でさえ，そうした絶対的な主観となりえない時代の絵画なのです（絵はエンカルタ百科事典 CR-ROM 版より）。

これに対して，近代的な主観概念は，自分を眺めることはあっても，眺められることがない純粋主観として想定します。それは，絵画世界の外，世界の外に位置して，絵画＝世界を外部からひたすらに観察する主観です。そうした主観は，身体も顔ももたない，他人から見られることのない精神です。心理学が扱う「心」も同じ種類の概念ではないでしょうか。少なくとも，間接知覚論が想定しているような世界を表象する心とは，そのような主観に他なりません。こうした主観性は，自らを絶対的な権威となす絶対主義における主権を，個人化あるいは心理化した概念だと分析できます。

これまでのパーソナリティ心理学は，人間の存在を心理作用や心理的機能の集合体としてとらえてきました。オールポートにおいても，人格は行動を発する根源として理解されていました。心という概念は，先に指摘したとおりに，身体性を抜いた人間の行動を指しています。そうした場合，人間が他の人間から見られるという機制に無自覚になる傾向があります。

そうだとすれば，パーソナリティ心理学は，社会的な評価の下で自分を測定しておきながら，自分が見られる身体と顔をもった存在であること忘却していることになるでしょう。性格テストで測定された結果はある視点で自分がみられた結果であることを忘れ，自分の内在的な本質であるかのように思わせてしまう効果があるのです。

リードが批判した「死物としての身体」も，「抽象的記号としての心」も，見られるという経験をすることはありません。見られる経験は，動物が何かを注視するという視線の意味を理解できる者のみが持てる経験であり，すなわち，それは見る者の視線を身体的に共感できる者のみが持てる経験なのです。他者に共感できる者が，

自己を客体化できるのです。

　顔は，何よりも自分が見られる存在であることに私たちを気づかせます。他人の顔は，私の顔に視線を注いでいます。鑑賞者を絵画の中に引き込むのは，侍女たちの視線です。私たちをある場に参加させるのは，見られるという経験なのです。私の顔は見られる顔であり，他人の顔は見る顔として現れ，それは，心理作用で私たちが感じていること（私は見るものであり，他人は見られる対象である）とはちょうど逆のことを私に意識させます。

　その意味で顔は自分の意のままにならない身体性の象徴です。顔，その容貌と表情は，以下に論じるような自分自身の制御を超えた部分をもっているからです。

■ 容　　貌

　まず，顔の形状的特徴としての人間の容貌は，他の身体的特徴と同様に，自分の意図的な努力では容易には変えがたいものです。

　もちろん，容貌のあり方は，相当程度，遺伝的な要素をもっています。また，事故や疾病で容貌が損なわれた場合にせよ，整形手術などで自発的に容貌を変形させた場合にせよ，一度，変形した容貌は簡単には変えがたいものです。

　容貌は人間の社会的関係に重大な影響を及ぼしていることは明らかなのに，70年代まではほとんど心理学の研究課題として選択されませんでした（Bull & Rumsey, 1995：30-31）。「人の自分の努力では変えがたい外見によって差をつけられるべきではない」という政治的・道徳的観点からの容貌の社会的影響についての研究はタブー視されたからです。

　ブルとラムズィによれば，容貌の魅力には以下のような特徴があります（前掲書：20-21）。

①容貌の魅力は，背景状況がよくないときに影響力を発揮する。たとえば，作品（仕事，成績）の出来がよいときは，評価は作者の容貌によっては左右されない。出来が悪いときには，容貌が魅力的なほど評価は救われる。

②容貌以外の情報がないときには，容貌の魅力はその人の扱いに影響する。他に情報が蓄積されるほど，容貌の影響力は薄れる。

③聞き手が，相手からのメッセージを，組織的体系的に情報処理するときは，容貌の影響は薄れる。

つまり，相手とのやりとりの最初の段階や，相手を単純なルールやステレオタイプに従って情報処理しようとするときには，容貌は影響力を発揮します。逆に，相手を真剣に知ろうとする場合や，やりとりが継続的に続く場合には，容貌の影響は薄れるとされます。

また，「美しいものは善である」とは単純には言えません。たとえば，外見が魅力的な女性は社会的望ましさの指標（社交的，あたたかみがある，わくわくする等）では肯定的に評価されるのですが，他方で他の女性たちからは自己中心的，俗物的，功利的と判断されるのだそうです（Bull & Rumsey, 1995：371-372）。また，状況にもよりますが，人は余りに魅力的な女性にはアプローチしようとしない傾向があるというのです（同上）。

しかしながら，多くの人と交流し，短い時間で人を引きつけなければならないような状況に置かれている人々は，自分の容貌を魅力的にすることに強く関心をもつことでしょう。多人数の人間が接しては別れることを繰り返している私たちの社会では，人間関係を継続するにも，まずはこちらに関心をもってもらわなければならないのです。近現代社会はそうした容貌に関心をもつように人々に強いている社会でもあります。

美術史家のウェクスラーの著作によれば（Wechsler, 1987），「観相術（相貌学）」というものが19世紀のパリで大流行しました。観

相術とは，目や鼻や口などの顔の諸特徴から階級や職業，性格，生活条件を見抜こうとする技法のことです。都市化がますます進行し，さまざま人が都市に流入するようになると，人々は，外から容易に観察できる肉体の特徴をもって，ある人物の不可視の面を即座に探り当てたいと思うようになります。

観相術者は，人間の心理と外的・肉体的外見，たとえば，手の動き，頭蓋，鼻の形状，目の色などの間に直接的な照応関係があり，人となりを暴き立てるような容姿外見は容易にカテゴリー化・コード化できると仮定しました。観相術とは，人の性格をコード解読するための手引きであり，個人をある一定の記号性の中にとらえようとする試みでした（同上：8）。互いにコミュニケーションの回路をいまだにもてないでいる人々は，相手の外見の詳細を観察して，何とか相手をアイデンティファイしようとする技術を求めます。ウェクスラーは，ここにフーコーが『監獄の誕生』で詳述した個人の管理方式を見て取ります。

しかしそれよりも真剣に考慮すべきは，ケガや疾病などによって顔に損傷を負った人々です。ブルとラムズィの実験は，顔に損傷をもつ人たちが街で通りすがりの人にものを頼もうとすると，人々は回避したり距離をとったりすることが多いと報告しています（前掲書：250-251）。

こうした他者の否定的な反応は，損なわれた容貌をもつ人に無力感や孤独感を与え，他者との交流を消極的にさせます。こうした状況を改善するには二つの方法があるでしょう。ひとつは損なわれた容貌をもつ人を取りまく社会的環境を変えること，すなわち，世間の人々がもつ否定的な態度を改めさせたり，容貌の損傷に関する公的教育を改善したりすることです。もうひとつは，その人の容貌を外科手術で変え，効果的なヘルスケアやリハビリテーションを与えることです。

エコロジカル・アプローチの立場に立てば，この二つの方法は等価になりえますが，どちらを選択すべきか（あるいは両方取るべきか）という問題は，心理学ではなく倫理学的な問題だということです。

■ 表情とは内臓の動きである

もうひとつ私たちにとって制御が困難なものは，顔の表情です。

顔の起源を生物学的・進化論的に遡ると興味深いことが分かってきます（三木，1989；西原，1996；原島・馬場，1996）。まず顔は，一定方向に進む指向性をもった生物だけが有しています。頭進性は，目的，注意，意図といった志向的な行動の原型をなすものです。

三木成夫によれば，比較解剖学的には，脊椎動物の構造は5億年前に生じたムカシホヤの構造に原型があります。ムカシホヤには，脳や感覚器官，消化器官，呼吸器官など脊椎動物に備わっている器官がそろっています。ムカシホヤの呼吸器である鰓孔の腸管への取り込み（鰓腸の成立）は，脊椎動物へ向かう原初の革命と言えます。というのも，この皮膚呼吸から腸管呼吸への進化，呼吸系と栄養摂取系の一本化によって顔が準備されたからです。

ここから重大なことが分かります。私たちの臓器には，体壁系の臓器と内臓系の臓器という二種類が存在します。体壁系臓器というのは，からだの外側の多くを覆っている骨格筋からできている臓器です。体壁系筋肉は，自らの意志によって動かすことのできる随意筋です。一方，内臓系臓器は，内臓筋でできている臓器です。内臓筋は内臓＝腸管系を構成している筋肉のことで，不随意筋です。私たちの顔は，体壁系と内臓系の両方の筋肉からできているのですが，内臓頭蓋と呼ばれる顔の大半はじつは内臓筋でできているので

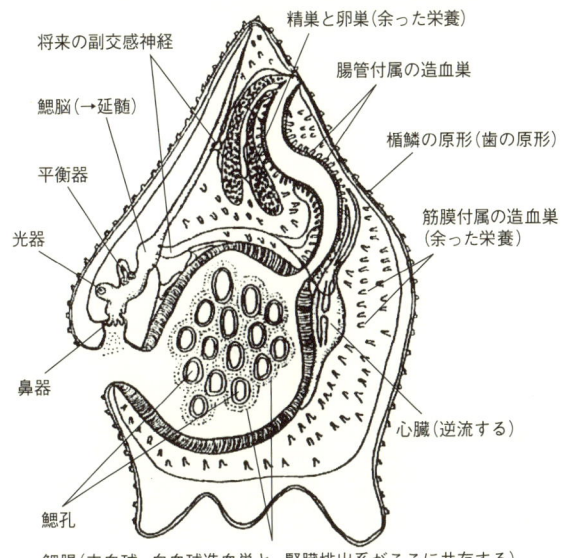

表情とは内臓の動きである　　*107*

将来の副交感神経
鰓脳（→延髄）
平衡器
光器
鼻器
鰓孔
精巣と卵巣（余った栄養）
腸管付属の造血巣
楯鱗の原形（歯の原形）
筋膜付属の造血巣
（余った栄養）
心臓（逆流する）
鰓腸（赤血球・白血球造血巣と，腎臓排出系がここに共存する）

図6　ホヤの生体（西原，1996：32）

す。つまり，顔とは内臓系の臓器であり，表情とは内臓筋の運動なのです。西原は次のように論じています。

　生命の変遷というものをよく観察すると，原初の脊椎動物では，体で感じられた快・不快を表現する，つまり原始的な"情動機能"を表わす効果器官が，鰓腹呼吸器官にあった事が解かる。原初の脊椎動物においては，「感情の座」は内臓と体壁系が一体となった「鰓腸」にある。／顔の筋肉を構成している内臓筋は，鰓器＝呼吸器にゆらいしているので，「体壁系呼吸筋」と機能的に連動する。このため，わたしたちは身体をゆすって，笑ったり，体をよじって泣いたりする。人間ばかりでない。犬においては，尻尾が顔と連動して，喜びや恐怖が表現されている。／犬

や猫も、よく見るとゆたかに感情を表現している。古代魚のサメでは、情動は鰓の動きで表現される。／このように、内臓頭蓋＝顔というのは、"精神神経活動"を表現する効果器官として、その個体の"ありよう"をみずから示すものである（西原、1998：40）。

顔は、呼吸と栄養摂取という生命に直結する内臓諸器官の統合された末端であるがゆえに、その生物全体のありようを示しています。目、鼻、咀嚼のための口、呼吸のための口などの顔の諸部分は、そもそもは異なった機能のために存在していたはずです。それが統合的に動いて、怒り、悲しみ、喜び、恐怖などの表情が作られます。

皺の寄った眉間、釣り上った目と、への字の口、緊張感のある頬は、怒りの表現となりますが、それらがひとまとまりのものとして動き、それが怒りとして理解されることは、それぞれの器官の機能が本来は異なっていることを考えてみれば、驚くべきことです。

したがって、表情とは、私たちの身体が組織的・統合的に世界に向き合っていることの表れと言えるでしょう。先ほど、表情は凝縮された行動であり、その人の振る舞い全体を予感させると述べましたが、このことは以上の生物学的な考察からも支持されます。

私たちは表情には文化差・社会差があると考えがちですが、じつはそうではなく、顔の表情には文化や歴史を超えた普遍性があることが多くの研究から指摘されています。このことはこれまで述べた生物学的事実と関係していることでしょう。

表情研究の権威であるポール・エクマンは、チリ、アルゼンチン、ブラジル、日本、アメリカ合衆国の五つの文化圏に属する人たちに写真を見せ、それぞれの顔の表情にどのような感情が表れているか判断してもらう実験を行いました（Ekman, 2006：42）。結果は、

すべての文化圏に属する大半の人の判断が一致したのです。エクマン以外のシルバン・トムキンスやキャロル・イザードによる実験でも同様の結果が得られているそうです（同上）。

あるいは，先天的に盲目として生まれた人は，他人を視覚的に模倣することはできないはずです。しかし過去60年の研究が示すところでは，盲目の人も晴眼の人も同じような表情をすることが繰り返し観察されてきました（Ekman, 2006：57）。

心理学に先んじて，チャールズ・ダーウィンは，『人及び動物の表情について』（Darwin, 1931）という著作の中で，表情は進化の産物であり，人間のみならず他の動物とも共通性があることを証明しようとしていましたが，彼は正しかったわけです。そのときに，ダーウィンが着目していたのは，器官としての容貌であり，表情の背後にある顔面筋の運動でした。ここに後の三木や西原と同じ関心を見出すことができるでしょう。

多くの人は，表情が普遍的であるとの実験結果を意外に感じるかもしれません。それに関してエクマンは次のような実験を行っています。日本人とアメリカ人に事故や外科手術のフィルムを見せてみると，誰もいないところでの反応は同じです。しかし，科学者が同席していると，アメリカ人よりも日本人の方が嫌悪感を笑いで隠す傾向が強かったのです。つまり，自分の感情を操作するときに，社会性・文化性が関係してくるのです。

これらの研究が示していることは，表情は普遍的な自然的なコードとして存在するということです。ここで言う「コード」とは，提示された内容に対する受け手の反応や解釈が安定している状態を指しています。以前に述べたように，感情とは内的感覚にとどまるものではなく，対象へのある種の関係の取り方のことであり，対象へのある種の態度のことです。表情の普遍性は対象への典型的で原初的な関わり方の表れだと考えられます。

それゆえに，表情を意図的に完全に制御することは難しく，隠そうとしても自然発生的に感情を漏洩してしまいます。鋭い観察者ならば，数分の1秒の間に起こった表情の変化を見逃さないことは，私たちのよく知るところです。そこでエクマンは次のように結論します。「今日，感情についての研究をしているほぼすべての人は，わたしがこれまで述べてきたことに同意する。一，感情は，わたしたちの安全にとってきわめて重要だと思われる物事への反応である。二，感情はしばしばあまりに素早くはじまるので，それを引き起こす心のなかのプロセスにわたしたちは気付かない」(Ekman, 2006：67)。

■「私，顔がないんです」

以上に見てきたように，表情の制御というものは，本人に気づいていないところから始まっているためになかなかに困難です。それ以上に重要なのは，表情の普遍性です。これが何を意味するのか。以下の「顔を失った」と主張する人の事例を取り上げて考えてみましょう。

大平健(1997)の『顔をなくした女：〈わたし〉探しの精神病理』では，統合失調症に罹った女性の興味深い症例が紹介されています。その女性は，20年来の病歴のある中年の女性で，幻覚妄想はあるものの，病的体験に振り回されることも，自傷他害の恐れもない患者です。医師がこの患者に「いま一番お困りのことは何でしょう」と尋ねると，低い声で「実は，私，顔がないんです」と言い，ゆっくりとそれまで顔を覆っていた両手を下したといいます。

もちろん彼女に顔はあり，彼女も自分の首の上に顔がついていることは認めるのですが，それが自分の顔ではないと言い張るのです。医師と患者は次のような会話を交わします（前掲書：12）。

「自分の顔がないと困りますか？」
「そりゃ困ります」
「どういう時に困るのでしょう？」
「誰かと話したりする時ですね。何か裸にされているようで，心が全部むき出しで……」
「それで，先ほどは手で顔を覆っていたのですね？」
患者が頷いた。
「で，今はどうです？　手で覆っていませんが」
患者が微かにほほ笑んだように僕は思った。
「だって，ここは病院ですから，診察してもらう時には裸にならないと……」

　医師は，患者の「顔」という言葉は，「顔付き」（あるいは「表情」）と理解すべきであることに気づきます。「自分の（心を守る）顔（付き）が（でき）ない」ので，自分の心が全部むき出しになっているかのようだと解釈すべきなのです。
　そこで医師が「誰にあなたの心を知られるのが嫌なのですか」と質問すると，患者は「皆です。世間の目にさらされるのが困る」と答えます。彼女は，最後になって，自分の兄嫁に対する悪感情を世間に知られたくない旨を告白します。そうした治療を受けている間，患者の言葉からはつらさや苦しさが伝わってくるのですが，その顔には実際にほとんど表情がないのです。
　ここで本書の観点から興味深いのは，この患者が実際には表情にたいへん乏しいにもかかわらず，「顔（付き）がないので，心が全部むき出しになっている」と訴えていることです。通常，表情が乏しければ他人には自分の感情は隠されますので，患者の判断は矛盾しているように思われます。それを医師はこう解釈します。

顔付きもまた，仮面や化粧と同様に顔に付くものである。役者が表情を作るのは，普段の「自分」を隠し，役柄になり切った「自分」を表現するために他ならない。役者には限らない。僕たちも職場で，パーティの会場で，葬式場で……いつもの「自分」を抑え，場面に応じた顔付きをして，役割に沿った「自分」を演じている。もし，「顔がない」患者の問題点が，僕が"翻訳"したように「顔付きがない」ことだとしたら，彼女は「自分」を隠すことができない上に，「自分」を表現することもできないことになるはずだ。「心が全部むき出し」になって困る一方で能面のような無表情のままでいるのは，どうもそういうことのようだ（大平，前掲書：22-23）。

　先に述べたように，表情は普遍的コードです。それゆえに，その普遍性を利用して演技的な表現が可能になると同時に，そのことで本心を隠すこともできるのです。これは表情が普遍的だから可能になることです。解釈の幅がきわめて広い行為の場合，それを利用して相手の反応を操作することはできません。コード化可能なもののみが，それをセカンド・オーダーの位置（＝第二階の態度，メタの態度）から利用できるのです。
　そこで，医師は患者に化粧をするように勧めてみました。次の日，患者は（統合失調症の女性がしばしばしがちな，余りにくっきりした）化粧をして現れ，以降，「顔がない」とは訴えなくなったというのです。今度は，「前は顔（付き）がなくて困っていたけど，化粧が顔（付き）の代わりになった」ので，楽になったと言うのです。ここから，化粧や仮面，それに結びついている役割といったものと，顔の表情の機能的な類似性が指摘できます。
　ドナ・ウィリアムズは，高機能性自閉症に分類される障害を有し，その生活のあり方を見事に綴った著作（Williams, 1993；1996）を

書いたことで知られますが,その中に興味深い記述が見出せます。

> 「笑いなよ。ハッピーになりな」ニッとわたしに笑いかけながら,トムが言う。それはまるで,ボタンを押したとたんに出てくる作り物の笑顔のようで,「不思議の国のアリス」に出てくるチェシャ猫を思い出させた。口元は笑いながら,瞳は笑っていないのだ。わたしは気分が悪くなった。そんなもので,笑ったことになると認めてしまっていいのか。……わたしはかっと頭が熱くなった。かつて,たとえ嫌悪でいっぱいになっていようと,笑顔でいろと教えられ続けたことが,不意によみがえってきたのだ。……わたしにとって表情とは,人と同じように演技ができるよう学ぶものであって,自分自身の感情とは,何の関係もないものだったから。(Williams, 1996：74)

ウィリアムズは,この状態を「感情をシャットアウトすれば,自分の許容限度以上の感情が,自分の中であふれてしまうのを防ぐことができる」が,自分のような自閉症をもった人は,そのシャットアウトする「メカニズムが未発達で過敏なため,ほんの少しのことでもすぐに反応してしまう」のだと自己解釈しています(Williams, 1993：263)[10]。ウィリアムズが顔の表情を演技的・役割的に利用することに,強い嫌悪感を抱いていることは明らかです。

ウィリアムズにとっては,作り笑いは実際には笑いになどなっておらず,顔としての統合性を失い,チェシャ猫の笑いのようにシュールなものに見えるのです。ここで私たちは,顔の表情とはさまざまな器官の統合性の表れであり,状況への態度であったことを

---

(10) ウィリアムズによれば,自閉症と統合失調症はしばしば混合されるが,実際はその正反対で,統合失調症はこのシャットアウト機構が働いていない状態にあるのだそうです。

思い出す必要があります。

私たちは意図的に表情を作るときには，特定の筋肉運動を行おうとして，表情が全身的なものであることを忘れる傾向があります。ウィリアムズにとっての作り笑いは，場違いなところで，四肢を不自然にバラバラに動かしているような薄気味の悪い態度なのでしょう。エクマンは表情を完全に隠すことの困難を指摘していましたが，ウィリアムズは同じことを指摘したのです。

■ 表情コードと内面性

表情は出来事であり，表情の知覚は出来事の知覚です。先に述べたように，表現とは全身的な行為（あるいは態度）の先端です。それは，世界に向かい合っている動物の内臓の集約的で統合的な表現です。

アフォーダンスは，動物がそれに関わることである出来事を生じるような環境（対象）の特性です。表情はアフォーダンスとは言えません。感情もある対象への態度です。感情も出来事ではあってもアフォーダンスではないと言えます。

感情や表情と対人的なアフォーダンスの関係についてはこう言えるでしょう。人に何か善いことをすることは，感謝されることをアフォードします。人は（こちらがある仕方で働きかけることによって）感謝されることをアフォードします。そのときの相手の人の態度の様態が「歓び」という感情であり，そのときの身体的な様子が，喜んで微笑んでいるという表情だと言えましょう。

表情は人間の態度の先端であり，その集約的な表れです。また表情は普遍的で自然的なコードとなっていることはすでに論じたとおりです。表情のこの安定性と普遍性こそが，逆に表情を演技として，顔を仮面として，態度を役割として利用できる可能性を開き

ます。私たちが「内面性」とか「内側」とか呼んでいる心理作用とは、表出されたものとは異なる行動（たとえば、相手に話している内容と別のことを内語している）、あるいは表出していない（と信じている）行動（たとえば、恐怖心を隠している）のことです。

　したがって内面性とは、コードの裏面だと言えるでしょう。自分の現在の顔の表情が恐怖を表しているからこそ、それを抑制しようとするのです。自分の表情が何を表しているか特定できないようなものであるなら、表情を抑制する必要などないでしょう。

　相手に感謝の気持ちを強く伝えたくて、意図的に大きく顔を崩すのは、それが喜びの表情としてコード化されているからです。言葉の意味が定まっていないと、嘘も皮肉も言えません。なぜなら、嘘や皮肉は、安定した言葉の意味を利用したセカンド・オーダーの言語使用だからです。誰も日本語を理解しない遠い外国の街では、どんなことでも日本語で話せます。ひそひそ話をしたり、言葉に気をつけたりするのは、周りの皆が自分の言葉を理解するからです。内面性も、表情の普遍性があってこそ存在するのです。私たちは表情が普遍的だからこそ、それを隠そうとし、隠すことによって内面が生まれるのです。

■ 仮面と顔

　顔の表情がコードして働くということは、素顔と仮面と化粧の間に決定的な違いがないことを意味しています。

　化粧は表情というよりも容貌に変化を与えるものでしょう。化粧は、容貌がやはり一定の表現コードを持っていることを利用しています。民俗学者のジャン-ルイ・ベドゥアンは仮面について以下のように論じています。

《裸族》こそは，仮面の最も偉大な創造者である。裸族にとって，肉体というやつは，われわれが考えるような，宗教的破門の宣告を受けた《肉の被覆（ひふく）》なのではない。あべこべに，それは，個性の本質そのものの宣言であり，まさしく，記号（シーニュ）によって示された《霊（エスプリ）》なのである。一個の肉体を所有するとは，生物有機体のもつ匿名性という法則を身に引き受けることではなくて，むしろ，その肉体が投げかける影像とか，その絵姿とか，その痕跡とかにまで及んでいくはずの，おびただしい数の呪術的特質を帯びることを意味している，というべきだろう（Bédouin, 1963：18-19）。

　身体は表現価値を担った特徴に満ちていて，その身体の来歴と地位，特性，能力を余すことなく表現しています。それを裸体として大っぴらに剥き出しにして提示することは，仮面をつけてその人物や生物の来歴と地位，特性，能力を表現しているのと実は同じことなのです。

　現代社会では，顔以外の身体は隠し，顔には化粧をして他人に見せます。それは身体に書き込まれている自分のさまざまな特性を隠し，制御された（化粧した）容貌と表情だけを他人に見せるということです。顔は裸であり，そしてそれはひとつの仮面です。というよりも，化粧や仮面をひとつの顔として発明して以来，人間は素顔を無記の記号としてきました（無記の記号とは，何も表さないことによって何かを表す記号のこと。たとえば，ある場面では，返答をしないことが拒否や否定の表現になります。健康診断で病気の該当項目にチェックしないことは，健康を意味します）。

　仮面をつけることは，異なった身体を身にまとうことです。それは変身することであり，仮面に憑依されることです。オールポートは，「ある化粧品の広告は，ある口紅が，使う人に『パーソナリ

ティ』を与えると主張したりする。この例ではパーソナリティは、皮膚の厚さもないものである」（Allport, 1982：34）などと書いて、化粧や仮面を軽蔑的に取り扱っていますが、彼は憑依の意味がほとんど分からなかった人でしょう。それは、葛藤を持った人物を理解できないということかもしれません。

ベドゥアンによれば、通常の演技の場合、演者は、ごく外面的に、だれか他の人と同じ姿かたちになってみせるだけです。それに対して、仮面の場合には、「ひとは、≪他者≫になろうとして、本当に≪他者≫になってしまう」のです（同上：22）。顔の容貌、表情、仮面はすべて普遍的なコードとして機能します。私たちは、この機能を利用するセカンド・オーダーの態度をとることができます。

しかし、顔や仮面は道具のように自分から身を離して使用することはできず、それを、文字通り、身につけて、そのコードに憑依されることによってはじめて使用できるのです。顔の容貌、表情、仮面をコントロールするには、それに取りつかれなければならないのです。というのも、それは身体の特性であり、身体の運動に他ならないからです。私たちは身体以外の存在ではありえないのです。

■ 身体変工と化粧

身体変工 mutilation も仮面と同じ効果をもちます。身体変工とは、人体の一定部分に、長期的ないし不可逆的な変形や傷を、意図的に作る習俗のことです。例としては、コルセット、乳房の人工変形、入れ墨、割礼、去勢、頭蓋骨の変形、頭蓋骨穿孔、抜歯、纏足などがあげられます。

身体変工は、一般的に言えば、ジェンダー、階級、戦士、成人、服喪、婚姻、刑罰、通過儀礼の終了などの社会的特性や地位を恒久的に自分に身につけさせるために行われます（吉岡、1994）。現代

社会では身体変工はあまり行われないように思われますが，実は，私たちの社会でも，化粧や美容整形（豊胸，脂肪吸引，整形手術，歯列矯正，脱毛，育毛，ピアス）という形で身体変工は存続しているのです（石田，2000）。

化粧は，塗り替えられる入れ墨の一種と考えられます。あるいは，それは素肌に書き込む仮面ということもできるでしょう。化粧をする伝統的理由として，「美しく見せるため」，「身だしなみ」，「異性をひきつける」といった理由以外にも，衛生，魔よけ，祝祭の表現，共同体のしきたりなどがありました。しかし現代社会では，主に美容と健康のために化粧や美容整形が行われるのは，近代の産業社会がそれらの特性を強く要請しているからです。

化粧はなりたい自己になるために行われます。私たちは，自己を自己として同一性を維持することにそれほど関心があるでしょうか。むしろ，私たちはありたい姿への変化を望みます。化粧はそれを，何かの模範となる容貌を模倣し，その姿に憑依させることによって自己を変えようとする努力です。それは，表情を変形して，一歩でも他人に近づこうとする試みです。化粧が思い通りの功を奏した場合，それは他人の顔が自分を占領したことになるでしょう。

哲学者の石田かおり（1995）は，『おしゃれの哲学：現象学的化粧論』において，「みやび（＝かっこよさ）」を求める態度が「みたて」「したて」「やつし」に分けられると指摘しています。

「みたて」とは，何かあるものを別のものと見なす，想像上の作業です。「したて」は，自分以外の人や物などの身体的・空間的・社会的状態を別の状態に変化させる実際の行為です。そして「やつし」は，自分自身の身体的・空間的・社会的状態を実際に変化させる行為です（同上第3章）。

化粧は，もちろん，自分の身体的状態を自分自身で変化させるのですから，典型的な「やつし」です。他人と自己の関係，社会的地

位を変更するのに，環境の方に働きかける「したて」と，自己の方を変更する「やつし」という二つの方法があるわけです。「みやび」は，自己と社会のあいだの関係性として成り立っているのですから，その関係性を環境の側ではなく自己の側に働きかけて変えようとする態度が化粧には見られるわけです[(11)]。そして，「やつし」には「みやび」を求めて，自己をよりよい状態にしようという「向上の志」が伴っていると石田は論じています。

石田の見事なおしゃれの分析は，私たちの社会の化粧が，主に社会的要請に応える向上となっていることを明らかにしています。

もし化粧が仮面と同じ機能をもっているとするならば，化粧の根源的な働きとは憑依にあるはずです。仮面は社会的地位の高い人を自分に憑依させるためだけではなく，人間以外の別の存在へと変身するためのものでした。

ですから，ベドゥアンが言うように，仮面には人間ではない存在，死者や動物，神々や精霊を表すこともあったのです。というよりも，本来，人間が人間を表現するのに，仮面や化粧をする必要などあったでしょうか。

　他人の目をとおして自分というものを見，自分の本性とはまったく異なる自分というものを見るかれは，それでも，相変わらず，自分自身のままでいることができるだろうか？　それどころか，反対に，かれは，仮面をつけることによって，こうした変貌をなしとげようとし，さらには，新しい存在形式に接近する

---

(11) しかしながら，環境と自己との関係性を変更するのに，つねに自己の側を変えようとするのは，やや不健全な態度となってしまうかもしれません。すなわち，自分では環境の側をまったく改変できないことは，大変にストレスフルであるだけではなく，ときに忍従的すぎる生活を余儀なくされているかもしれないからです。石田も「欠点の克服」をしようとする自己隠蔽的な化粧は，社会への過剰適応となり，画一性へと転落することがあると指摘しています（石田, 2000）。

ことを可能ならしめる，存在そのものの次元において，本当の切断を行おうとするのだ，ということを認めなければならない。(Bédouin, 1963：25-26)

　仮面や化粧は，かつては人間ではない存在へ変身するためのものだったのではないでしょうか。とするならば，現代社会における化粧は，優れた人物への模倣とそれによる自己の向上へと，その性能が限定・制限されていると言えるでしょう（電車の中で化粧をすることに対してエチケットの観点から批判がなされていますが，本当に憂慮すべきは，化粧がそれ程までに，ドメスティックで，安全無害な，力なきものになりさがってしまったことではないでしょうか。現代では，化粧の憑依力がすっかり干からびて，飼いならされてしまっているのです）。

　このことは，本書の最初で，パーソナリティ概念の心理学史について説明したことと対応しています。すなわち，20世紀になると通俗的な自己改善のガイドブックの中にパーソナリティという概念が現れはじめ，そこでは，「魅力のある」「創造的な」「優れた」パーソナリティへの成長が促されていたという事実です。

　ペルソナとは仮面のことを意味していました。そのあらゆるものからの憑依でありえた仮面が，「魅力のある」「創造的な」「優れた」人物への成長を意味するようになったのです。憑依は成長（あるいは発展）へと変わりました。それは善く言うならば方向性と伸張性が与えられたことであり，悪く言えば，狭められ限定されたのです。

　こう考えてみるならば，自分のパーソナリティの改善を求めることは，素顔のままで仮面をかぶり，化粧をすることだと言えるかもしれません。素顔とは，皮肉なことに，化粧の不完全な模倣なのです。

第5章
パーソナリティと規範

■ パーソナリティと淡い自己

　私たちはパーソナリティという言葉が，もともと「仮面」を意味していたという言語的事実からはじめて，前章の最後では再び仮面の問題へと帰りつきました。この章では，これまでの議論をまとめ，本書の結論を提示しましょう。

　第1章では私たちは，パーソナリティが心理学の対象となってゆく歴史を見てきました。パーソナリティは，近代社会の中で宗教的・精神的意味が脱落し，ジョン・ロック以降では，司法的な文脈の中で語られるようになります。心理学の流れの中では，まずリボーによって，記憶の中断や解離が人格の疾患と定義されます。次いで，ジャネがそこに社会的な評価の文脈を持ちこむと，それを諸項目へと分析し，集団における偏差としてとらえようとする統計学的な手法と結びつける傾向が生まれてきます。そして最終的にパーソナリティ概念は，学校や職場での適性判断の文脈の中に据えられてゆきます。そうした社会的評価の文脈での個体の反応差がパーソナリティと呼ばれるようになります。

　本書で問題としたのは，この背景と文脈が明示化されずに，「人格」という，一見すると人間個人の存在をトータルに扱うかのような言葉が用いられていることです。従来の研究では，一体，どの視

点に立って，どの角度からパーソナリティの研究がなされているのかがよく分かりません。

視点や角度などは，客観科学では必要とされない主観的なものだ。こう考えることは誤りです。哲学者のローティが指摘するように，認識することとはあたかも自然を鏡に映すように表象することではありません。現実をそのままに映し出す鏡のような認識など存在しません（Rorty, 1993）。

科学的認識とは，研究の合理的プログラムをたて，工学的に特定の科学的事実を孤立させて取りだし，操作的に対象を定義することに本質があります。それは，単に実在を観察することではなく，一連の実験的・操作的過程によって研究対象の振る舞いを再構成することです。

科学哲学者のハッキングは，『表現と介入：ボルヘス的幻想と新ベーコン主義』（Hacking, 1986）という著作の中で，科学における実験の役割を強調しています。実在から距離をとり，手を汚すことなく認識することなどできません。認識とは，実験や操作的な観察を通して現実に介入し，それを適切に操作しなければならないのです。実在に介入し，そこから予測される反応を引き出すことに成功したときに，認識が成立した，真実をとらえた，と言われるのです。

認識主体が実験や観察などの方法によって実在に介入し，そこから得た情報をフィードバックするという意味で，認識とはその対象となる実在とのあいだにサイバネティックス・システム（自己制御系）を構築することだと言えるかもしれません。

認識とは介入です。ミクロ物理学は，素粒子などのミクロな実在に介入します。化学では，化学的な実在に介入します。心理学の介入対象は人間（あるいは動物）です。パーソナリティ心理学も，ある一定の視点から，ある一定の態度をとって人間に介入し，その反応を記述しているのです。この意味で，心理学的認識とは，対

象となる人間と研究者である人間とのあいだに自己制御系を構築することです。それゆえ，研究者が介入する際の，視点や文脈・背景といったものを無視することはできません。人間が人間に介入するということは，ある種の人間関係を打ち立てることと同じであること，そしてそこには倫理的・道徳的責任がつきまとうのです。

エコロジカル・アプローチは，ある人の心理作用を環境との相関でとらえようとする立場に立ちます。このアプローチからは，従来のパーソナリティ研究は，特定の企業や学校という限定されたニッチにおける，現在の行動傾向を測定しようとする研究として位置づけられるでしょう。

生態学的視点に立ったときには，あらゆる心理作用は，自己身体を中心として含んだ環境中において実現される機能となります。心は環境へと拡がっているのです。身体性を抜きにして心理作用について語ることは不可能であり，思考でさえも音声として学んだ言語なしには成立しません（学んだあとは音量をゼロ近くにまで絞った内語として機能するにせよ）。自己は皮膚の内側にだけあるのではなく，自己の身体とニッチのカップリングの中にあると考えるべきです。

ニッチの中には，自然的な要素とともに，人工的な要素も含まれます。私たちの心理作用の多くは，人間的・社会的環境の中ではじめて成立します。またニッチの中には，他人の存在も含まれています。私たちの自己は，もろもろの人間関係の中へと拡張し，その中でうつろっています。私たちが，このように「淡い自己」であるのは，私たちが根本的に他者に共感し，模倣する存在だからです。

模倣は，人間のあいだの最も重要な相互的行動のひとつと言えるでしょう。人間は，模倣によって他人の行動を取り込み，自分の行動のレパートリーを豊富にします。人間のあらゆる行動は，他人に対して模倣をアフォードしています。人間社会におけるあらゆる文

化的・社会的・歴史的なものは，模倣行動がなければ存続しません。ベンヤミンは「ひょっとすると人間は，模倣の能力によって決定的に制約されぬような，いかなる高次の機能も所有していないのかもしれない」とさえ言っています (Benjamin, 1981: 113)。模倣は，あらゆる共同生活を送る上で必要とされる行動を習得する手段です。ギブソンが洞察したとおりに，社会規範を支えるのは，同一化の作用なのです。

精神科医のオリバー・サックスは，『妻を帽子とまちがえた男』という著作の中の「とり憑かれた女」という章で，重度のトゥレット症候群というきわめて興味ぶかい精神疾患を報告しています (Sacks, 1992：216-224)。トゥレット症候群とは，長期間にわたって続くチック障害を指しますが，その中の重度の「トゥレット精神病」は，通常トゥレット症候群の五十分の一程度の発症率で，症状の質も激しさもまったく違うといいます。奇妙な幻夢状態に陥ったり，パントマイムや物まねをしたり，アイデンティティまでがあやしくなるのです。

サックスは，路上ですれ違うすべての人の真似をしている初老の女性を見かけます。トゥレット精神病にかかっている方だと分かります。彼女は，単に顔や姿を模倣するというよりは，ほんの一瞬のうちに通りかかる人の目立つしぐさや表情，癖を誇張して，ほとんど戯画化するように真似ていました。

　一区画ほどの短い距離のなかで，このひどく興奮した老女は，四，五十人もの通行人のまねをしていった。万華鏡のようなす早さだった。ひとつのまねは一，二秒ほどで，もっと短いこともあった。全部合わせてもせいぜい二分ぐらいのものだった。／ばかばかしい模倣はこれだけでは終わらない。…この女性は，誰のまねもやってのけた。まねすることで自分自身をなくしたわけだ

から，結局は，誰にもなれなかったことになる。数多くの顔，仮面，人格をもったこの女性にとって，このように多くのアイデンティティが渦巻いている状態は，いったいどういうものだっただろう。この答えはすぐに現れた。自分自身および他人からくる圧力があまりに強くなって，すでに爆発寸前の状態になっていた。突然，耐えきれなくなった老女はわき道へ入っていき，憔悴した姿で吐き出した。彼女がまねた四，五十人のしぐさ，姿勢，表情，態度，つまり彼女のレパートリーすべてを吐き出したのである。
(Sacks, 1992：220-221)

この女性は，自分の共鳴作用を抑制できずに，すれ違う人の表情と動作すべてを自分のなかに取り込んでしまっています。あるいは逆に，行きかう人々すべてが，彼女に憑依してしまっていると言ってもよいでしょう。「抑制という正常な保護障壁，つまり器質的に決定される正常な自我の境界がないので，トゥレット症患者の自我は，生きているあいだじゅう攻撃にさらされる」（前掲書：222）のです。

もちろん，この女性の反応は病的です。しかし逆から言えば，私たちは，さまざまな他人への共感によって生じる自己の複数性を抑制することによって，何とか自己の一貫性や統一性を維持している存在なのでないでしょうか。

面（仮面）をつけるとは，まさにこの女性患者のような状態になることかもしれません。竹内敏晴（1996）は，面をつけて能の仕舞を舞う経験を次のように描写しています。

　面を着けたシテの意識野は狭まり，のりうつってくる力が身内を衝き上げてくるとき，その動きに肢体をまかせながら，しかも狂い始めかかる微妙な一瞬に必死に手綱をひきしぼる。そのから

だとは，長年の訓練によって，言ってしまえば，反射的に能の詞章を謡い，舞いの拍子を踏む「からだ」である。その厳密に仕立て上げられた自動機械としての「からだ」が，放恣に揺れ動くイメージとしての「からだ」に対抗する。そのせめぎあいは，まさに悍馬を乗りこなすに似た荒々しい力業に違いない（竹内，1996：418-437）。

　他者とはこの仮面のようなものです。他者は可能的で潜在的な私であり，私の無意識のことです。自分の無意識は自分の意のままにならないので他者のようだといっているのではありません。他者の振る舞いは私にとりついて，私をそのように振る舞わせることができます。

　他者とは潜在的な私であり，現在の私のあり方を揺さぶる力なのです。

■ 身体と他者

　リードが批判しているように，心理学は，どこかでデカルト的な自我を想定しているように思えてなりません。

　デカルト的な自我とは，身体から分離可能であると同時に，身体のあらゆる個所に命令を出す司令塔のような存在です。そこでは，私たちの行動はその自我のもとですべて統一され，計画されていると仮定されています。デカルトが自我における言葉の働きを重視したことからも分かるように，そうした自我は抽象的記号としての心に切り詰められており，死物としての身体は制御すべき所有物と見なされます。

　そのような，「物体を動かす記号（言葉）」としての心には，身体がありません。記号化された心には環境に棲みつく力がありません

し，生物個体として存在することもできません。記号にはアフォーダンスを知覚することができません。なぜなら，アフォーダンスとは，動物がそれに行為的に関わることによってある出来事を引き起こす環境の特性ですが，記号は行為的に環境に関わることができないからです。

身体のない存在は，共感することも，模倣することもできません。共感も模倣も，顔の表情と身体動作を共振的・共鳴的に理解することからはじまるからです。表情とはまさしく身体全体の表現であり，全身行動の先端部に他なりませんでした。

人間は生きていく以上，つねに変化し成長します。ギブソンは，個人の行動に不変の「核」を求める本質主義的なパーソナリティ論に批判的でした。心理学は，人生を通じて不変の動機や本能など，人間の不変の本性などを仮定すべきではありません。

ギブソンにとって，自我を構成するのは社会学習です。社会学習と人格の成熟の過程は分離できません。人間の変化と成長の大きな源泉は，他人との関わりにあります。社会性のない自我の欲求から行動を説明しようとするパーソナリティ理論は根本的な誤りを含んでいるとギブソンは主張しました。

身体のない自己は，共感も模倣もできないゆえに，他者と連帯して社会を形成することができないばかりか，他者から何かを学ぶこともできません。実際に，こうした欠点を持つがゆえに，現在のコンピュータは，人間とは程遠いものなのではないでしょうか。現象学者のメルロ=ポンティ（Merleau-Ponty, 1966）が言うように，社会性は間身体性として成立します。身体のないコンピュータは，視線の意味を理解することがないため，「侍女たち」の視線が作り出す空間に入ることはできないのです。

■ 規範性と自己の複数性

　ギブソンが指摘したように，人間の行動の特徴的な点は，自分の欲求充足に反してまでも，社会規範を優先させる行動をとることにあります。規範とは，通常，人間の行為や判断や評価の元となる社会的な基準や原則のことを指しています。

　ラテン語の norma という言葉も「大工道具の物差し（直角定規）」を意味していました。規範は，自分があるべき姿やなすべき行為，価値があるものに関する基準を提示してくれます。規範は，法律や道徳律のような形式的で言語的なルールの形で表現されることもありますが，ある人物がそうした社会規範を体現することもあります。

　心理学的なパーソナリティ理論は，いつの頃からか，価値や規範についてまったく語らなくなりました。きわめて単純化していうならば，「コレコレこういう行動傾向があるから，この人は今後もこう振る舞うだろう」というのがパーソナリティの説明とされてきたのです。しかし，人間の行動を因果的かつ内在主義的に（すなわち，原子論的に）説明することは妥当でしょうか。

　私たちは自分の傾向性に無自覚に従う存在ではなく，自分の行動を規範に合わせて修正します。私たちは新しい職場に着任したときには，その職場での仕事を身につけるように努力し，すぐれた先輩や上司を見習おうとします。私たちは道徳的に優れた人物を見て，そのような振る舞いができるように心がけます。その人のアドヴァイスや意見を受け入れて，行動を修正しようとします。充実した人生を送っている人を見て，その考え方を学ぼうとします。その人と会話をすることをもとめ，人生の指針を得ようとします。私たちの行動は，モデルとのインタラクションによって制御され調整されま

す。

　こうした広い意味での規範性こそが、私たちの行動の原理になっているように思われます。こうした自分の行動を導いているところの基準に触れずして、その人の振る舞いを社会的な平均値からの偏差としてとらえること、すなわち、多くの性格テストの結果からその人を判断することは、その人本人にとってどのような意味をもつのでしょうか。

　行動の基準を与える規範は、抽象的な言葉で表現される必要もありますが、私たちの行動をトータルに導くには、そうした言語的な指示だけでは不十分です。私たちにとっての規範は、しばしば具体的な人物にあります。その人に共感し、模倣することが規範となるのです。人物に表現された規範は、自分がこうありたいと思う範例となります。模倣とは私たちの内側にモデルの表象を形成することではなく、モデルを参照して、振る舞いを制御・修正するということです。親に同一化する子どもは、親を規範として行動しているわけです。それが本来の意味で共感であり、憑依であるのです。

　道徳行動は典型的な規範的な行動です。ヘア（Hare, 1982）も指摘しているように、道徳は最終的に「相手の立場にたつ」ことに基礎があると言えるでしょう。つまり、道徳的配慮とは、関係する各々の立場に自分自身を置き入れ、そこでの選好を考慮してなされるべきなのです。たとえば、人を殺すことを禁止する道徳的ルールが正当化されるのは、だれも殺されることは望んではおらず、どの人の立場にたっても、その禁止を普遍化しうるからです。ある人の視点に立って、その人に利益になることを行い、不利益になることをしないことが道徳的行動と言えるでしょう。そこでも、その人への共感的な理解が前提になっています。道徳も共感に基礎をもっているのです。

　人間が模倣的な存在、共感する存在であることは、利己主義を人

間の行動の基盤と見なすことの誤りを示しています。もし人間が生まれつき合理的な利己主義者であり、自己の利益になることだけをその手段として実行するのであれば、他人の模倣行動は生じないでしょう。どの人の、どのような行動が模倣するにたるものであるか、あらかじめ判断などできないからです。模倣が人間にとって根本的な状態であり、利己主義的に他者を自分の利益のための手段とすることは副次的・派生的です。

本書では、仮面、化粧、憑依、共感といった他者へと越境する自己のあり方に注目してきました。これらの事象は、実は、私たちの行動の中核をなす機制であるにもかかわらず、これまでのパーソナリティ心理学や性格心理学ではほとんど論じられてきませんでした。

しかしエコロジカルな視点をとり、人間を社会的環境とのインタラクションの中でとらえるときには、それらの他者へと超え出るあり方は、自己を語る上で欠かせない事象です。それは、私たちに自分のあるべき姿を与えることで行動を牽引し、規範的行動の基盤を与えるものです。

そして、エピソード記憶も、一種の共感作用であることを第3章で論じました。ただ過去に獲得した行動パターンが持続しているというだけでは、時間性は生じません。過去のことを過去としてとらえるエピソード記憶は、自己が時間的に複数であり、かつその複数の自己が一種の共感によって結びついていなければなりませんでした（分離すると解離の症状を呈することになります）。

したがって私たちは、対人関係の形成の仕方、集団形成の仕方をモデルとして、パーソナリティの統一性について考えていかなければならないでしょう。ジャネは「物語る能力」にそれを見出しましたが、人々を結びつけるのが歴史や伝統だけではないように、複数の自己をまとめあげる力も復誦する能力だけではないように思われます。

仮面，化粧，憑依，共感といった自己超越の力は，人間ならざる対象にも適用されました。私たちは，神々の仮面をかぶり，動物の化粧を施し，昆虫のような存在にすら共感します。私たちはこの越境する力を，社会的に価値づけられた対象だけに向けるようになっています。現在の化粧は，優れた人物にまで向上することを目指して行われます。ここにも規範の力を見出すことができますが，これをより根源的な共感の力の限定された表れとして位置づけることができないでしょうか。化粧や共感などに注目することは，パーソナリティに関する研究をより広い領域へと解放することができるでしょう。

人格の同一性は，他者への共感や模倣などのインタラクションを通して複数化していく自己に何とか折り合いをつけていくダイナミズムに本質があります。完全に統一的で合理的に振る舞う人格があるとすれば，その人は葛藤することも逡巡することもない代わりに，他者への共感も社会性もなく，おそらくある意味で思考することもできないのです。

一般的には，安定したアイデンティティを得た人物が成熟した人物であるかのように言われることが多いのですが，私にはかならずしもそうだとは思えません。多くの人と交流し，その人たちと共感的に接すれば接するほど，自己は複数化します。私たちは，それらを何とかまとめようとしますが，成功するとは限らず，もしかしたら成功しない方が良いこともあるかもしれないのです。

もしも人格がすっきりと安定しているならば，その人は自己が複数化せずに，葛藤を生じないような範囲でのみ他人と付き合っているのかもしれません。たとえば，同じようなタイプの人とだけ付き合い，自分と対立したり異質であったりするような人たちと接しないといったように，人的交流の範囲を狭くしている（なっている）ならばアイデンティティを得ること，安定したニッチを得ることは

容易でしょう。しかし、それは、世界の中に生じている葛藤や対立を見ないでいるということかもしれません。

ジョン・ロックが人格の同一性で求めていたのは、自己の行為を自己帰属する責任感であり、それにより他者への責任を果たす態度でした。パーソナル・アイデンティティが達成すべきものであるとすれば、それは、こうした倫理的な態度としての一貫性ないしは誠実性という側面です。パーソナル・アイデンティティが求められているとすれば、それは誰にとってなのかについてよく考えるべきでしょう。

■ パーソナリティ研究に必要な観点

以上の考察を経て、最後に、パーソナリティ研究に関して必要とされる観点をいくつか提案してみましょう。

①どのような文脈でパーソナリティを問題とするのか。

パーソナリティが、「真にその人であるもの」のすべてであるならば、エコロジカルなアプローチでは、到底、それは知りえないことになります。その人が何であるかは環境との相関でとらえなければならない以上、ひとりの人間をあらゆる環境に置くことなど不可能だからです。

まず私たちは、どのような文脈で、あるいはどのような生活場面で、その人の行動をとらえようとするのか、研究の視点を自覚しなければならないでしょう。それは、何のために、誰のためにその研究を行うかを問うことでもあるでしょう。

②説明の原理

ある生活場面で、他の人と比較して、ある人が取りやすい行動

傾向を示したとしても，それをただちに人格の核に原因を求めることが正しいとは言えません。本書で繰り返し指摘したように，パーソナリティ理論が採用している説明の枠組みには内在的原因を重視するバイアスがあるように思われます。

　価値や規範や思想を，性格で説明しようとするスタンスは還元主義的です。価値や規範は個人の外部にあり，個人がそれを参照し，そこへの適応を目指すといった目的論的説明も採用可能なはずです。

　③価値事実問題と規範問題の区別
　ある人がコレコレの行動傾向をもつという事実から，その人がどのように振る舞うべきかという規範を引き出すことはできません。人格の統一性やアイデンティティも，ときに事実問題であるかのように語られ，ときに達成すべき規範問題として語られます。もちろん，完全に分裂した人格は病的かもしれませんが，逆に，完全に統一された人格とはどういうものをいうのか，またそれは可能であるかどうか，可能であるとして望ましいものであるかどうかを考えるべきだろうと思います。

終

謝辞
本研究は，科学研究員補助金研究「生態学的なコミュニケーション論と社会的アフォーダンスに関する実証哲学的研究」（基盤（B）21320010）の成果の一部です。

参考文献

Allport, G.（1959）『人間の形成：人格心理学のための基礎的考察』 豊沢登訳，理想社.
——— (1968)『人格心理学』上・下巻，今田恵・入谷敏男訳，誠信書房.
——— (1972)『人格と社会の出会い』 星野命・原一雄訳，誠信書房.
——— (1982)『パーソナリティ：心理学的解釈』詫摩武俊・青木孝悦・近藤由紀子・堀正訳，新曜社.
浅野智彦（2001）『自己への物語的接近：家族療法から社会学へ』 勁草書房.
Benjamin, W.（1981）『ベンヤミン著作集』（第三巻），久野収・佐藤康彦編，晶文社.
Bertillon, A.（1886）*Archives de l'anthropologie criminelle et des sciences pénales: de l'identification par les signalements anthropométriques: conférence faite le 22 novembre au Congres pénitentiaire de Rome.* Paris: G. Masson.
——— (1977)*Alphonse Bertillon's Instructions for taking descriptions for the identification of criminals, and others.* Trans. Muller, G., with new pref. by Peterson, J. New York: AMS Press.
Bakhtin, M. M.（1979）『小説の言葉』（バフチン著作集5） 伊東一郎訳，新時代社.
——— (1980)『言語と文化の記号論』（バフチン著作集4） 北岡誠司訳，新時代社.
Bartlett, F. C.（1983）『想起の心理学：実験的社会的心理学における一研究』 宇津木保・辻正三訳，誠信書房.
Baumeister, R. F.（1987）"How the self became a problem: A psychological review of historical research." *Journal of Personality and Social Psychology,* **52**: 167-176.
Bédouin, J.-L.（1963）『仮面の民俗学』斎藤正二訳，白水社〈文庫クセジュ〉.
Bernard, C.（1970）『実験医学序説』改訳，三浦岱栄訳，岩波書店〈文庫〉.
Braudel, F.（1991-1995）『地中海』1～5巻，浜名優美訳，藤原書店.
Braustein, J-F. & Pewzner, E.（1999）*Histoire de la psychologie.* Paris：Armand Colin.
Bull, R. & Rumsey, N.（1995）『人間にとって顔とは何か：心理学からみた容貌の影響』仁平義明監訳，講談社.
Canguilhem, G.（1987）『正常と病理』滝沢武久訳，法政大学出版局.

―――― (1991)『科学史・科学哲学研究』金森修監訳,法政大学出版会.

Cattell, R. B. (1981)『パーソナリティの心理学:パーソナリティの理論と科学的研究』〈改訂版〉,斎藤耕二・安塚俊行・米田弘枝訳,金子書房.

Clark, A. (2003) *Natural-Born Cyborgs: Minds, Technologies, and the Future of Human Intelligence*. Oxford University Press.

Cornelius, R. R. (1999)『感情の科学:心理学は感情をどこまで理解できたか』齊藤勇監訳,誠信書房.

Culter, J. (1994)『心の社会的構成』西坂仰訳,新曜社.

Danziger, K. (2005)『心を名づけること』上・下巻,河野哲也監訳,勁草書房.

Darwin, Ch. (1931)『人及び動物の表情について』浜中浜太郎訳,岩波書店.

Delay, J. (1978)『記憶の解体』岡田幸夫・牧原寛之訳,海鳴社.

Ekman, P. (2006)『顔は口ほどに嘘をつく』菅靖彦訳,河出書房新社.

Ellenberger, H. F. (1980)『無意識の発見:精神医学発達史』上・下巻,木村敏・中井久夫監訳,弘文堂.

榎本博明 (1999)『〈私〉の心理学的探求』有斐閣〈選書〉.

Eysenck, H. J. (1973)『人格の構造:その生物学的基礎』梅津耕作・佑宗省三他訳,岩崎学術出版社.

Fisher, H. (1995) "Whose right is it to define the self ?" *Theory and Psychology,* **5**: 323-352.

Foucault, M. (1974)『言葉と物』渡辺一民・佐々木明訳,新潮社.

―――― (1977)『監獄の誕生:監視と処罰』田村俶訳,新潮社.

福屋武人・鍋田恭孝編 (1986)『クレッチマーの思想:こころとからだの全体理論』有斐閣選書.

Gergen, K. J. (2004a)『社会構成主義の理論と実践:関係性が現実をつくる』永田素彦・深尾誠訳,ナカニシヤ出版.

―――― (2004 b)『あなたへの社会構成主義』東村知子訳,ナカニシヤ出版.

Gibson, J. J. (1950) "The implications of learning theory for social psychology." In J. G. Miller (Ed.) *Experiments in social process: A symposium on social psychology*. NY: McGraw-Hill: 147-167.

―――― (1985)『生態学的視覚論:ヒトの知覚世界を探る』古崎敬他共訳,サイエンス社.(生態)

―――― (2004)『ギブソン心理学論集:直接知覚論の根拠』境敦史・河野哲也訳,勁草書房.(根拠)

Gilligan, C. (1982)『もうひとつの声:男女の道徳観のちがいと女性のアイデンティティ』生田久美子・並木美智子共訳,川島書店.

Hacking, I. (1986)『表現と介入:ボルヘス的幻想と新ベーコン主義』渡辺博訳,産業図書.

―――― (1998)『記憶を書きかえる:多重人格と心のメカニズム』北沢格訳,早川書房.

原文雄・小林宏（2004）『顔という知能：顔ロボットによる「人工感情」の創発』共立出版.

原島博・馬場悠男（1996）『人の顔を変えたのは何か：原人から現代人，未来人までの「顔」を科学する』河出書房新社.

Hare, R. M. (1982)『自由と理性』山内友三郎訳，理想社.

春木豊（編著）（2002）『身体心理学』川島書店.

Holt, E. B. (2005)「フロイト流の意図：意図の生理学，およびその統合」本多啓訳，『生態心理学の構想：アフォーダンスのルーツと尖端』佐々木正人・三嶋博之編訳，東京大学出版会：65-96.

Hutchins, E. (1992)「チーム航海のテクノロジー」宮田義郎訳，『認知科学ハンドブック』安西祐一郎ほか編，共立出版：21-35.

石田かおり（1995）『おしゃれの哲学：現象学的化粧論』理想社.

——— (2000)『化粧せずには生きられない人間の歴史』講談社〈新書〉.

James, W. (1992, 1993)『心理学』上・下巻，今田寛訳，岩波書店〈文庫〉.

Janet, P. (1955)『人格の心理的発達』関計夫訳，慶應通信.

片桐雅隆（2000）『自己と「語り」の社会学』世界思想社.

——— (2003)『過去と記憶の社会学』世界思想社.

柏木繁男（1997）『性格の評価と表現：性格5因子論からのアプローチ』有斐閣.

河野哲也（2002）「反認知主義：ギブソン心理学の哲学の位置づけ」『心理学の哲学』，渡辺恒夫・村田純一・高橋澪子共編，北大路書房：202-216.

——— (2003)『エコロジカルな心の哲学』勁草書房.

——— (2005)『環境に拡がる心』勁草書房.

Krahe, B. (1996)『社会的状況とパーソナリティ』堀毛一也編訳，北大路書房.

Levinas, E. (1989)『全体性と無限』合田正人訳，国文社.

——— (1990)『存在するとは別の仕方で，あるいは存在することの彼方へ』合田正人訳，朝日出版社.

Locke, J. (1980)『ロック・ヒューム』大槻春彦編訳，中央公論社.

松島恵介（2002）『記憶の持続 自己の持続』金子書房.

Mauss, M. (1969) "Débat sur les rapports entre la sociologie et la psychologie (1931)." *Œuvre III* Paris: Edition de Minuit: 298-302.

——— (1976)「人間精神は一つの範疇・人格の概念，≪自我≫の概念」『社会学と人類学Ⅱ』有地亨・山口俊夫訳，弘文堂：73-120.

Mayeroff, M. (1987)『ケアの本質：生きることの意味』田村真・向野宣之訳，ゆみる出版.

McGinn, C. (2006)『マインドサイト：イメージ・夢・妄想』五十嵐靖博・荒川直哉訳，青土社.

Merleau-Ponty, M. (1966)「幼児の対人関係」『眼と精神』滝浦静雄・木田元訳，みすず書房：97-192.

Middleton, D. & Edwards, D. (Eds.) (1990) *Collective remembering.* London; Sage Publications.

三木成夫 (1989)『生命形態の自然誌』(第一巻 解剖学論集), うぶすな書院.

Mischel, W. (1992)『パーソナリティの理論:状況主義的アプローチ』詫摩武俊監訳, 誠信書房.

三嶋唯義 (1994)『人格主義の思想』紀伊國屋書店〈新書〉.

Morris, D. (1992)『ボディウォッチング』藤田統訳, 小学館.

村上隆夫 (2006)『同一性の形而上学:映画・SF・探偵小説』春風社.

Neisser, U. (1988) "Time present and time past." *Practical Aspects of Memory: Current Research and Issues. Vol.1 Memory in Everyday Life.* Ed. Gruneberg, M.M., Morris, P. E. & Sykes R. N. Chichester: John Wiley and Sons: 545-560.

Nicolas, S. (2005) *Théodule Ribot* (1839-1917). Paris: L'Harmattan.

Nicolas, S. & Ferrand, L. (2003) *La psychologie modern.* Bruxelles: De Boeck.

西原克成 (1996)『顔の科学』 日本教文社.

Noddings, N. (1997)『ケアリング:倫理と道徳の教育——女性の観点から』立山善康ほか訳, 晃洋書房.

大平健 (1997)『顔をなくした女:〈わたし〉探しの精神病理』岩波書店〈現代文庫〉.

Parfit, D. (1998)『理由と人格』森村進訳, 勁草書房.

Pfeifer, R. & Scheier, C. (2001)『知の創成:身体性認知科学への招待』石黒章夫・小林宏・細田耕訳, 共立出版.

Putnam, H. (2005)『心・身体・世界:三つ撚りの綱/自然な実在論』野本和幸監訳, 関口浩喜ほか訳, 法政大学出版局.

Reed, E. S. (1994) "Perception is to self as memory is to selves." In *The remembering self: construction and accuracy in the self-narratives.* Eds. Neisser, U. & Fivush, R. Cambridge: Cambridge University Press: 278-292.

——— (2002)『アフォーダンスの心理学:生態心理学への道』細田直哉訳, 新曜社.

——— (2006)『伝記ジェームズ・ギブソン:知覚理論の革命』柴田崇・高橋綾訳, 勁草書房.

Reuchlin, M. (1990)『心理学の歴史』豊田三郎訳, 白水社〈文庫クセジュ〉.

Ribot, T. A. (2001) *Les maladies de la personnalité.* préface de Chazaud, J. Paris: L'Harmattan.

Rorty, R. (1993)『哲学と自然の鏡』野家啓一監訳, 伊藤春樹ほか訳, 産業図書.

Rose, N. (1989) *Governing the Soul.* London: Free Association.

——— (1996) *Inventing our Selves: Psychology, Power, and Personhood.* Cambridge: Cambridge University Press.

Ryle, G. (1987)『心の概念』坂本百大・宮下治子・服部裕幸訳, みすず書房.

Sacks, O. (1992)『妻を帽子とまちがえた男』高見幸郎・金沢泰子訳, 晶文社.

佐々木正人編（1996）『想起のフィールド：現在のなかの過去』 新曜社.
サトウタツヤ（2006）『IQを問う：知能指数の問題と展開』 ブレーン出版.
サトウタツヤ・渡邊芳之（2005）『「モード性格」論：心理学のかしこい使い方』 紀伊國屋書店.
下條信輔（1988）『まなざしの誕生：赤ちゃん学革命』 新曜社.
Shoemaker, S.（1989）『自己知と自己同一性』管豊彦・浜渦辰二訳, 勁草書房.
Shoemaker, S. & Swinburne, R.（1986）『人格の同一性』寺中平治訳, 産業図書.
鈴木乙史・佐々木正宏（2006）『人格心理学：パーソナリティと心の構造』 河出書房新社.
丹野義彦（2003）『性格の心理：ビッグファイブと臨床から見たパーソナリティ』 サイエンス社.
竹原卓真・野村理朗（編著）（2004）『「顔」研究の最前線』 北大路書房.
竹内敏晴（1996）「からだの変容―憑依と仮面」『コミュニケーションとしての身体』（叢書・身体と文化2）菅原和孝・野村雅一編, 大修館書店：418-437.
Wallon, H.（1965）『児童における性格の起源：人格意識が成立するまで』久保田正人訳, 明治図書出版.
Wechsler, J.（1987）『人間喜劇：十九世紀パリの観相術とカリカチュア』高山宏訳, ありな書房.
Wertsh, J. V.（1995）『心の声』田島信元ほか訳, 福村出版.
――――（2002a）『行為としての心』佐藤光治ほか訳, 北大路書房.
――――（2002b）*Voices of collective remembering*. Cambridge: Cambridge University Press.
渡辺公三（2003）『司法的同一性の誕生』言叢社.
渡邊芳之・佐藤達哉（1994）「一貫性論争における行動観察と予測の問題」『性格心理学研究』, **2**：68-81.
Willi, J.（2006）『エコ心理療法：関係生態学的治療』奥村満佐子訳, 法政大学出版局.
Williams, B.（1973）*Problems of the self: Philosophical Papers 1956-1972*. Cambridge: Cambridge University Press.
Williams, D.（1993）『自閉症だったわたしへ』河野万里子訳, 新潮社.
――――（1996）『こころという名の贈り物：続・自閉症だったわたしへ』河野万里子訳, 新潮社.
やまだようこ（1996）「共鳴してうたうこと・自身の声が生まれること」菅原和孝・野村雅一編『コミュニケーションとしての身体』（叢書・身体と文化, 第二巻）大修館書店：40-70.
山鳥重（2002）『記憶の神経心理学』医学書院.
吉岡郁夫（1994）『身体の文化人類学：身体変工と食人』雄山閣出版.

事項索引

ア行

鮮やかな主体　53
アナール学派　79
アフォーダンス　35
アプロプリエーション　88
淡い主体性　53
意識
　　——の交代　13
　　——のハードプロブレム　39
意志の弱さ（akrasia）　83
意味記憶　73
エコ心理療法　52
エコロジカル・アプローチ　1
エピソード記憶　73

カ行

顔　99
　　——付き　111
科学的認識　122
拡張した心（extended mind）　2
仮面　115
感情　45
間接知覚論　34
記憶
　　——説　66
　　意味——　73
　　エピソード——　73
　　作業——　72
　　短期——　72
　　長期——　72
　　陳述——　72
　　手続き——　72
　　非陳述——　72
気質（temperament）　11

規範　8
　　——性　57
　　——的行動　55
客我（Me）　51
共感　86
規律訓練型社会　24
クオリア問題　39
ケア　59
化粧　115
心の哲学　2
個体性　18

サ行

作業記憶　72
自己知覚論　40
姿勢的
　　——浸透（imprégnation）　87
　　——融即（participation）　87
したて　118
実在　34
司法的同一性の誕生　18
主我（I）　51
呪術的特質　116
受動性　100
情念（passion）　46
所有物　97
人格
　　——（person）の同一性　65
　　——主義　12
心身二元論　92
身体　98
　　——図式　87
　　——性　91
　　——説　66

──変工　*117*
人体測定学（anthropometry）　*27*
数的同一性　*91*
性格（character）　*10*
　　──5因子論（ビッグ・ファイブ）　*27*
相互応答効果　*52*

タ行
ダイナミックな自己　*83*
多重人格　*13*
多声性　*89*
短期記憶　*72*
知能検査　*25*
長期記憶　*72*
直接知覚論　*33*
治療　*59*
陳述記憶　*72*
ディスポジション　*74*
手続き記憶　*72*
同一化　*6*
動機（motive）　*46*
道徳性　*57*

ナ行
ニッチ　*2*
人間（man）の同一性　*65*

ハ行
パーソナリティの疾患　*13*
非陳述記憶　*72*
腹話性　*88*
プライミング　*72*
フレーム問題　*42*
ペルソナ　*10*
ベルティヨン方式　*22*

マ行
みたて　*118*
夢中遊行　*19*
モナド　*4*
物語（récit）　*19*
模倣　*123*

ヤ行
やつし　*118*
容貌　*103*

ラ行
理論心理学（theoretical psychology）　*8*
ロボット　*93*

ワ行
我がもの（mine）　*50*
我（me）　*50*

人名索引

B
Baumeister, R. F. 63
Braustein, J-F. 14

C
Canguilhem, G. 15
Cattell, R. B. 27
Cornelius, R. R. 45

E
Edwards, D. 71
Ellenberger, H. F. 14
Eysenck, H. J. 27

F
Ferrand, L. 14
Fisher, H. 63

M, N
Middleton, D. 71
Nicolas, S. 14

P
Pewzner, E. 14
Pfeifer, R. 94

R
Reuchlin 31

S
Scheier, C. 94
Shoemaker, S. 66
Swinburne, R. 66

W
Wertsh, J. V. 71

ア行
安部公房 vii
アリストテレス 58
イザード, キャロル 109
石田かおり 118, 119
ヴィゴツキー, レフ 88
ヴィトゲンシュタイン, ルートヴィヒ 45
ウィリアムズ, ドナ (Williams, D.) 112, 113, 114
ウィリアムズ, バーナード (Williams, B.) 68
ヴィリィ, ユルク (Willi, J.) 52, 53
ウェクスラー, ジュディス (Wechsler, J.) 104, 105
ヴェラスケス, ディエゴ (Velázquez, D.) 98, 100, 101
ウルフ, ヴァージニア 14
ヴント, ヴィルヘルム 34
エー, アンリ 16
エクマン, ポール (Ekman, P.) 108, 109, 110, 114
大平健 110, 112
オールポート, ゴードン・W (Allport, G. W.) 3, 4, 5, 10, 11, 27, 29, 32, 56, 60, 69, 84, 102, 116, 117

カ行
ガーゲン, ケネス (Gergen, K. J) 70

柏木繁男　*27*
カンギレム, ジョルジュ
　　(Canguilhem, G.)　*31*
カント, イマヌエル　*12*
キケロ　*10, 32*
ギブソン, ジェームズ・J (Gibson, J. J.)　*1, 3, 5, 6, 7, 8, 33, 34, 35, 36, 39, 40, 41, 42, 49, 54, 55, 56, 57, 58, 60, 61, 63, 69, 76, 79, 81, 84, 86, 89, 95, 124, 127, 128*
ギリガン, キャロル (Gilligan, C.)　*59, 60*
クルター, ジェフ (Culter, J.)　*45, 46*
クレッチマー, エルンスト
　　(Kretschmer, E.)　*17, 18, 91*
河野哲也　*35, 53, 93*
ゴールトン, フランシス　*23, 27*

サ行

斎藤正二　*vii*
佐々木正人　*71*
佐々木正宏　*27*
サックス, オリバー　*124, 125*
佐藤達哉　*51*
サトウタツヤ　*45, 52*
ジェームズ, ウィリアム (James, W.)
　　17, 50, 51, 60, 95, 96
シェルドン, ウィリアム・H
　　(Sheldon, W. H.)　*17, 18*
下條信輔　*45*
シャイアー, クリスチャン (Scheier, C.)　*41*
ジャクソン, ヒューリングス
　　(Jackson, J. H.)　*16*
ジャネ, ピエール (Janet, P.)　*16, 17, 18, 19, 20, 21, 24, 25, 66, 67, 84, 121*
シャルコー, ジャン　*19*
ジョイス, ジェイムズ　*14*

スキナー, バラス　*55*
鈴木乙史　*27*
スペンサー, ハーバード (Spencer, H.)　*15, 16*
スミス, アダム　*46, 58*
ソーンダイク, エドワード　*55*

タ行

ダーウィン, チャールズ (Darwin, C.)　*15, 16, 27, 109*
竹内敏晴　*125, 126*
ダンジガー, カート (Danziger, K.)
　　11, 12, 26, 30, 46
丹野義彦　*27*
ティチナー, エドワード　*34*
デカルト, ルネ　*15, 65, 66, 97, 126*
デュマ, ジョルジュ　*16*
トールマン, エドワード　*55*
トムキンス, シルバン　*109*

ナ行

ナイサー, アーリック (Neisser, U.)
　　71, 86
鍋田恭孝　*17*
西原克成　*106, 107, 108*
ノディングズ, ネル (Noddings, N.)
　　59, 60

ハ行

バートレット, フレデリック
　　(Bartlett, F. C.)　*47, 71, 79*
パーフィット, デレク (Parfit, D.)
　　66, 68
ハッキング, イアン (Hacking, I.)
　　13, 67, 122
ハッチソン, F (Hutcheson, F.)
　　46, 58
ハッチンス, エドウィン (Hutchins, E.)　*50*

パトナム, ヒラリー (Putnam, H.) 40
馬場悠男 106
バフチン, ミハイル (Bakhtin, M. M.) 88, 89
原島博 106
ハル, クラーク 55
ピアジェ, ジャン 18
ビネ, アルフレッド (Binet, A.) 25
ヒューム, デイヴィッド (Hume, D.) 46, 58, 78
ファイファー, ロルフ (Pfeifer, R.) 41, 82
フーコー, ミシェル (Foucault, M.) 24, 100, 101, 105
フェリペⅣ世 100
福屋武人 17
プルースト, マルセル 14
ブル, レイ (Bull, R.) 103, 104, 105
フロイト, ジークムント 16, 19, 57
ブローデル, フェルナン 78, 79, 80
ブロンデル, モーリス 16
ヘア, リチャード (Hare, R. M.) 129
ベッセル, フリードリヒ 31
ベドゥアン, ジャン-ルイ (Bédouin, J.-L.) vii, 115, 116, 117, 119, 120
ベルティヨン, アルフォンス (Bertillon, A.) 18, 22, 23
ベルティヨン, ルイ・アドルフ 22
ベルナール, クロード (Bernard, C.) 15, 16
ヘルムホルツ, ヘルマン・フォン 34
ベンヤミン, ヴァルター (Benjamin, W.) 124
ホルト・E. B. (Holt, E. B) 84

マ行

マッギン, コリン 78
松島恵介 7, 63, 75, 76, 84
マリアーナ王妃 100
マンドヴィル, B. 46
三木成夫 106
三嶋唯義 12
メイヤロフ, ミルトン (Mayeroff, M.) 59
メルロ=ポンティ, モーリス (Merleau-Ponty, M.) 127
モース, マルセル (Mauss, M.) 18, 19, 21, 24
モリス, デズモンド (Morris, D.) 99

ヤ行

山鳥重 72
吉岡郁夫 117

ラ行

ライプニッツ 3, 4
ライル, ギルバート (Ryle, G.) 77
ラムズィ, ニコラ (Rumsey, N.) 103, 104, 105
リード, エドワード (Reed, E. S.) 7, 55, 63, 69, 82, 83, 85, 86, 87, 92, 102, 126
リボー, テオデュール (Ribot, T. A.) 9, 11, 13, 14, 15, 16, 17, 18, 19, 24, 60, 66, 67, 84, 121
ルヌーヴィエ, シャルル (Renouvier, C.) 12
レヴィナス, エマニュエル (Levinas, E.) 99
ローティ, リチャード (Rorty, R.) 122

ローズ, ニコラス (Rose, N.)　　*61, 63*
ロジャース, カール　　*61*
ロック, ジョン (Locke, J.)　　*3, 7, 12, 64, 65, 66, 67, 68, 69, 97, 121, 132*

ワ行

ワーチ, ジェームス (Wertsh, J. V.)　　*88*
渡辺公三　　*18, 19, 23*
渡邉芳之　　*51, 52*
ワロン, アンリ (Wallon, H.)　　*16, 87*

著者紹介

河野哲也（こうの・てつや）
立教大学文学部教育学科教授。
慶應義塾大学大学院文学研究科博士課程修了。博士（哲学）。玉川大学文学部などを経て、現職。専門は、哲学・倫理学。特に、心理学の基礎論や心の哲学。著書に『エコロジカルな心の哲学』『環境に拡がる心』（ともに勁草書房）、『〈心〉はからだの外にある』（NHKブックス）、『善悪は実在するか』（講談社メチエ）『暴走する脳科学』（光文社新書）などがある。

クロスロード・パーソナリティ・シリーズ 第1巻
エコロジカル・セルフ

2011年4月20日 初版第1刷発行 （定価はカヴァーに表示してあります）

著　者	河野哲也
発行者	中西健夫
発行所	株式会社ナカニシヤ出版

〒606-8161　京都市左京区一乗寺木ノ本町15番地
　　　　　　　　　Telephone　075-723-0111
　　　　　　　　　Facsimile　　075-723-0095
　　　　Website　http://www.nakanishiya.co.jp/
　　　　E-mail　　iihon-ippai@nakanishiya.co.jp
　　　　　　　　　郵便振替　01030-0-13128

装幀＝白沢　正／印刷・製本＝ファインワークス
Copyright C 2011 by T. Kono
Printed in Japan.
ISBN978-4-7795-0548-5

本書のコピー，スキャン，デジタル化等の無断複製は著作権法上の例外を除き禁じられています。本書を代行業者等の第三者に依頼してスキャンやデジタル化することはたとえ個人や家庭内の利用であっても著作権法上認められていません。